COMERCIO EXTERIOR

con éxito

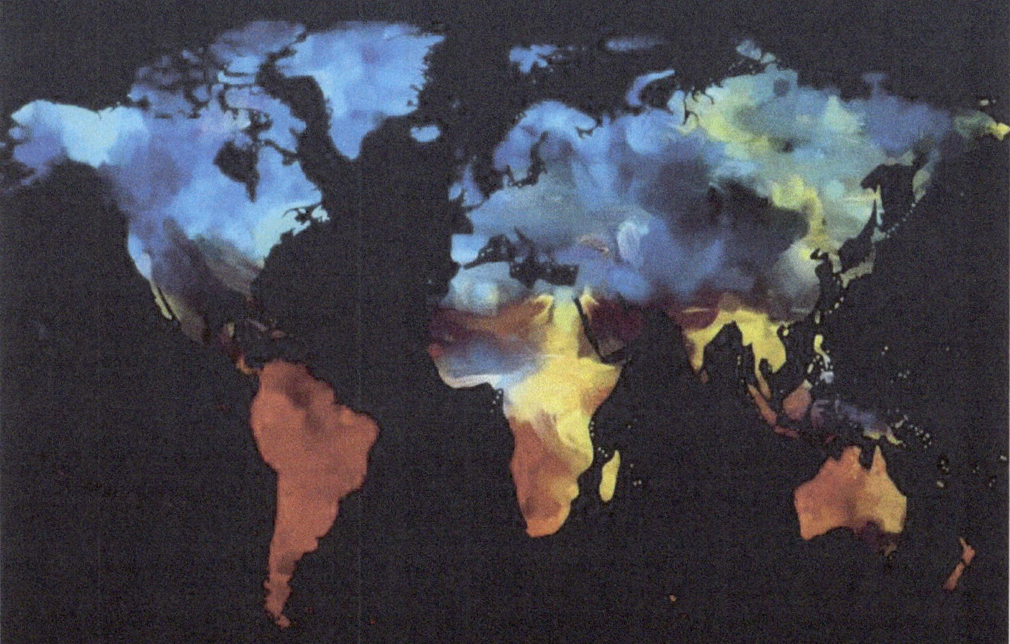

José Eladio Moreno Gormaz | Cristina Moreno Díaz

Isbn 978-84-09-04955-4

Los Términos Internacionales de Comercio.

√ **Este documento es de carácter informativo y no tiene valor jurídico.**
√ **Los autores no aceptan ninguna responsabilidad por las decisiones que se tomen como resultado del uso de cualquier información en esta publicación.**

1. Los Incoterms.

Incoterms son las siglas en inglés de "International Commercial Terms" (Términos Internacionales de Comercio) de la Cámara de Comercio Internacional.

Los incoterms son un conjunto de reglas internacionales para interpretar los términos comerciales relativos a los contratos de compraventa de mercancías:

- **Detallan y delimitan los derechos y obligaciones de las partes, del comprador y del vendedor, en relación a la entrega de las mercancías.**
- **El objetivo es establecer normas para la interpretación de los términos más utilizados en el comercio internacional.**
- **Velan por la seguridad jurídica en las compraventas internacionales.**

Estas reglas(términos) estandarizadas facilitan el comercio internacional, pues posibilitan que transportistas, transitarios, agentes de aduana, exportadores, importadores, etc., de cualquier lugar del planeta, realicen la misma interpretación sobre las condiciones de entrega de las mercancías.

París fue el escenario del nacimiento de los Incoterms en 1936, donde la Cámara de Comercio Internacional creó y publicó los primeros 6 términos; desde entonces se han producido varios cambios e incorporaciones.

La primera versión de la CCI se publicó en 1936, con revisiones posteriores en 1953, 1967, 1976, 1980, 1990, 2000, 2010, hasta llegar hoy a los "Incoterms® 2020.

La Cámara de Comercio Internacional no tiene voluntad de crear derecho, no busca crear reglas que sean fuente del ordenamiento jurídico. Se identifica con el espíritu de la "lex mercatoria" para regular el comercio internacional.

La calificación de los incoterms como «reglas» significa que no son verdaderas normas jurídicas, no son fuente de derecho. La eficacia de las reglas depende de que las partes las hayan incorporado a su contrato.

No son leyes, son usos y reglas, y por ello una versión nueva no deroga las anteriores; cuando se especifica el nombre del Incoterm hay que indicar a qué versión se refiere, la última es de 2020.

Los Incoterms® no tienen fuerza de ley o de reglamentación internacional, ni son modelos de contracto.

¿Qué hacen los INCOTERMS?

1. **Obligaciones.** Reparten entre comprador y vendedor la responsabilidad de gestionar cada parte del transporte y de la tramitación de cada documento necesario.
2. **Riesgos.** Determinan donde se transmite el riesgo del transporte entre comprador y vendedor.
3. **Costes.** Establecen quién debe asumir el coste de cada parte del transporte, la tramitación de los documentos necesarios, embalajes y, en definitiva, cualquier otro elemento que sea necesario para hacer llegar correctamente las mercancías a destino.

¿Qué NO hacen los INCOTERMS?

- X No son un contrato de compra-venta y no lo sustituyen.
- X No determinan si existe un contrato de compra-venta.
- X No establecen el momento del pago.
- X No establecen la divisa de la operación.
- X No determinan las consecuencias de demoras e incumplimientos.
- X No determinan quién debe soportar posibles sanciones.
- X No determinan si existen prohibiciones o restricciones a la importación o exportación de las mercancías.
- X No se ocupan sobre la transmisión de la propiedad, el título, o la posesión de la mercancía vendida.

Los incoterms solo se refieren a términos comerciales usados en los contratos de compraventa, se excluye de su ámbito de aplicación los contratos de transporte y de servicios.

Las reglas Incoterms ayudan al vendedor y al comprador a determinar las obligaciones, los riesgos y los costes en las diversas etapas del transporte en el comercio internacional. Se utilizan en más de 140 países.

Los términos internacionales de comercio deben de ser interpretados por todas las partes de manera similar, evitando que surjan disputas por malentendidos.

- **El propósito de los Incoterms es proporcionar una interpretación común de los diferentes términos comerciales utilizados, en todos los países.**
- **El fin de los Incoterms es facilitar la realización de negocios internacionales, al determinar las responsabilidades de cada una de las partes involucradas.**
- **Describen en cada término las tareas, costes y riesgos que implican la entrega de las mercancías del vendedor al comprador.**

Evitan las discrepancias que podrían darse en los diferentes países respecto a las condiciones de entrega, por la inexistencia de una legislación común internacional.

Son cláusulas estandarizadas y reconocidas internacionalmente, para evitar litigios.

Los Incoterms® han sido desarrollados por expertos legales, por profesionales de la comunidad empresarial internacional, por agentes de transporte, transportistas, especialistas en seguros de carga, consultores, bancarios, etc.

El uso de los Incoterms elimina las inconsistencias en el lenguaje, al dar a todas las partes del acuerdo comercial la misma definición, para que todos entiendan sus obligaciones y responsabilidades.

Las reglas simplifican la contratación internacional y concretan aspectos clave.

La correcta utilización de los Incoterms es esencial en la negociación de los contratos de compraventa o suministro a nivel internacional.

Las reglas de los Incoterms, aceptadas en todo el mundo, regulan las obligaciones y responsabilidades de las partes (comprador y vendedor):

1. **El momento y lugar en que se produce la transferencia de los riesgos.**
2. **El lugar en que se realiza la entrega de la mercancía.**
3. **Quien contrata y paga el transporte, y el seguro si lo hay.**
4. **Que parte paga cada uno de los gastos que se originan.**
5. **Que documentación debe de aportar cada una de las partes.**

En un contrato de compraventa internacional los Incoterms reparten y determinan las obligaciones entre el exportador y el importador de los siguientes elementos:

- **La contratación del transporte internacional. Quién - vendedor o comprador- debe cerrar el contrato y que parte del trayecto le corresponde a cada una de las partes y hasta qué punto.**

- **Quién está a cargo del embalaje, del marcado de la mercancía, de las operaciones de manutención, de carga y descarga o transferencia del contenido de los contenedores.**

- **La forma, el lugar y el momento de la entrega de la mercancía. Hay dos tipos de entrega:**
  1. **Directa: La mercancía pasa directamente del vendedor al comprador. Se utiliza en los términos de los grupos "E" y "D".**
  2. **Indirecta: Las mercancías se entregan a través de un intermediario, transportista o transitario. Se utiliza en los términos de los grupos "F" y "C".**

No hay que confundir entrega de la mercancía con transmisión de la propiedad, las reglas se ocupan de la entrega, pero no del título o propiedad.

- **El punto de la transferencia de los riesgos (de pérdida, deterioro, daño o robo de la mercancía) del vendedor al comprador en el proceso de envío de la mercancía.**

Los Incoterms determinan el punto de transferencia de la responsabilidad de las mercancías en tránsito.

- **Quién realiza el despacho aduanero de exportación y/o importación, y el pago de los derechos aduaneros, impuestos y otros costes asociados.**

- **Por cuenta de quien corren los gastos logísticos y administrativos. De transporte, seguro, aduana, carga, carga y descarga, inspección, etc.**

  Respecto al seguro sobre las mercancías, únicamente en CIP y CIF se obliga a la contratación, lo que a menudo ocasiona que las mercancías viajen sin asegurar, con el riesgo que ello conlleva.

El uso de los Incoterms es voluntario, si bien su utilización es casi total.

Usar los Incoterms de forma adecuada implica:

1. **Acordar el Incoterm específico con la otra parte.**
2. **Verificar que el Incoterm acordado es apto para el modo de transporte a utilizar.**
3. **Especificar el lugar de entrega, tan exacto como sea posible.**
4. **Especificar el lugar de transmisión del riesgo si distinto del lugar de entrega.**
5. **Asegurarse de que las partes comprenden las responsabilidades que se indican en el contrato de venta.**
6. **Indicar correctamente el Incoterm en la factura comercial y en los otros documentos comerciales.**
7. **Comprobar periódicamente los Incoterms y revisarlos por si fuera aconsejable su cambio.**

Para una aplicación óptima de los Incoterms®, es conveniente que las partes indiquen el lugar o puerto de entrega de las mercancías de la manera más precisa posible. Ejemplo: FCA 50 Rue de Saint Charles, Dijon, France, Incoterms® 2020.

En determinados Incoterms®, como CPT, CIP, CFR o CIF, el lugar designado no es el mismo que el lugar de entrega, el designado es hasta donde el transporte ha sido pagado.

La versión de 2020 no obliga a que los Incoterms de versiones anteriores dejen de tener uso, por ello, en los contratos y otros documentos se debe especificar el término Incoterm acordado junto al año de la versión: ejemplo EXW Incoterms 2020.

El término Incoterm elegido define los derechos y obligaciones del importador y del exportador respecto de la entrega de la mercancía.

- **La elección del término Incoterm debe efectuarse según las capacidades de organización de las empresas que firman el contrato; del medio o medios de transporte a utilizar, del nivel de servicio que se ofrece al cliente o se recibe del proveedor, de las costumbres del mercado y de las prácticas de la competencia.**

- **Elegir el Incoterm con la menor responsabilidad no siempre es sinónimo de buena elección; hay que valorar aspectos como la situación geográfica de la mercancía, la experiencia de las partes, la naturaleza de la mercancía, el origen y destino, la existencia o no de un seguro de la mercancía, la documentación necesaria y los trámites de aduana.**

- **El término Incoterm elegido influye en el coste total y en el precio de venta; el importador y el exportador deben de tener en cuenta los costes de la cadena logística que, con el término incoterm elegido, corresponde soportar a cada una de las partes.**

Refiriéndose en el contrato a un término Incoterm de la CCI, el comprador y el vendedor reducen la incertidumbre propia a la transacción internacional, evitan las prácticas comerciales e interpretaciones diferentes de un país a otro.

En un contrato de compraventa internacional hay que asegurarse de que indica la regla Incoterms® elegida, el año de su actualización y el nombre del lugar (puerto o punto de entrega) acordado.

Ejemplo CIF Sagunto, España Incoterms® 2020.

Es conveniente especificar en el contrato otras condiciones importantes además del Incoterms utilizado, totalmente relacionado con él, como:

1. **Detallar cuándo debe de realizarse la entrega.**
2. **Quién debe efectuar la carga y la descarga.**
3. **La cobertura del seguro que se acuerda y su alcance geográfico y temporal (dónde y cuándo comienza y finaliza).**
4. **Todos los requisitos referentes al transporte (contenedores refrigerados, mercancía sobre cubierta o en bodega, etc.)**

Los Incoterms y la propiedad de la mercancía.

Los Incoterms no determinan cuando se transmite la propiedad de la mercancía, este punto está previsto en otra cláusula del contrato de compraventa.

1. **La propiedad de la mercancía es del vendedor hasta que el comprador realiza el pago de compraventa.**
2. **De la transmisión de la propiedad se encarga el derecho aplicable a la compraventa, conforme al contrato firmado y las leyes a que se ha sometido.**
3. **El exportador debe de proteger la mercancía, conviene que con un buen seguro de transporte si le corresponde a él, conforme al incoterm acordado.**
4. **El importador debe de proteger la mercancía, conviene que con un buen seguro de transporte si le corresponde a él, conforme al incoterm acordado.**

Incoterms®
2020

¿Que son?

Los INCOTERMS son un conjunto de términos de tres letras que regulan las responsabilidades de las empresas en los contratos de compraventa de mercancías.

Grupo	Incoterms	Descripción General del Grupo
Términos 'C'	CFR, CIF, CPT, CIP	En los términos C, el vendedor contrata y asume los costes del transporte principal pero no el riesgo por pérdida o daño, que será por cuenta del comprador desde el momento en que se realiza la entrega al primer transportista en el país de origen.
Términos 'D'	DAP, DDP, DPU	Los términos D son el tipo en el que el vendedor asume más responsabilidad, soportando los gastos y riesgos para llevar la mercancía al punto de destino convenido. Son los únicos términos en los que la entrega del vendedor al comprador se realiza en el país de destino.
Términos 'E'	EXW	En los términos E, el vendedor sólo tiene que poner la mercancía en sus instalaciones a disposición del comprador. Como veremos después, esto tiene sus pros y sus contras.
Términos 'F'	FCA, FAS, FOB	Los términos F se caracterizan porque el vendedor debe entregar la mercancía en el país de origen, al transportista principal que es pagado por el comprador.

Fuente cuadro: Internacional Trade Customs.

Los Incoterms son parte de los acuerdos y contratos comerciales, orientan a importadores y a exportadores, a abogados y jueces, y a compañías de seguros y de transporte.

- **Los Incoterms no tiene fuerza normativa o legal,** pero se reconocen en el uso cotidiano a nivel mundial, por lo que para que sean de aplicación a un contrato internacional se debe especificar en dicho contrato el Incoterm que se aplica a la compraventa.

- **Los Incoterms no constituyen en sí mismos un contrato,** para que exista un contrato de compraventa se deben cumplir otros requisitos legales establecidos en la legislación correspondiente.

- **Los Incoterms no vinculan al transportista ni al asegurador,** ya que el contrato de transporte o la póliza de seguro se emiten conforme a las condiciones acordadas por las partes que los contratan, y son quienes deben vigilar que se cumple con la regla Incoterm acordada entre comprador y vendedor.

- **Los Incoterms no regulan la transferencia de la propiedad de los bienes,** aunque hay personas que piensan que sí, el malentendido se debe a que sí determinan el lugar de entrega, si bien ello no equivale a la transferencia de la propiedad.

- **Los Incoterms no regulan las condiciones de pago (a la vista, a plazo o mixto),** las partes las acuerdan en el contrato de compraventa, y lo mismo sucede con el método de pago (crédito documentario, remesa documentaria, transferencia, etc.), la moneda en la que se realizará el pago, y el lugar y momento exacto en que se efectuará.

Al elegir el Incoterms adecuado:

- Se definen las responsabilidades del comprador y el vendedor respecto a la entrega de la mercancía, transmisión de los riesgos en el transporte, distribución de los gastos y los trámites aduaneros.

- Se evitan confusiones, retrasos, errores y posibles litigios en las compraventas internacionales.

Diferencias principales entre los Incoterms® 2010 y 2020:

1. FCA - **Franco transportista – el de 2020 ofrece la opción adicional de hacer una anotación a bordo en el conocimiento de embarque al cargar la mercancía en el barco.**

2. **CIP - Transporte y seguro pagados hasta – el de 2020 requiere un seguro con la cobertura mínima de la Cláusula de Carga del Instituto (A) (Todo riesgo, sujeto a exclusiones detalladas).**

3. **CIF - Coste, Seguro y Flete – el de 2020 requiere un seguro con la cobertura mínima de la Cláusula de Carga del Instituto (C) (Número de riesgos enumerados, sujeto a exclusiones detalladas).**

4. **Las reglas de Incoterms®2020: Franco transportista (FCA), Entregado en el lugar (DAP), Entregado en el lugar descargado (DPU) y Entregado Duty Paid (DDP), tienen en cuenta que los bienes pueden transportarse sin contratar transportistas externos, es decir, utilizando sus propios medios de transporte.**

5. **La regla - Entregado en la Terminal - (DAT) de 2010 se ha sustituido en la publicación de 2020 por - Entregado en el lugar descargado - (DPU), para aclarar que el lugar de destino puede ser cualquiera y no solo una "terminal".**

En el contrato de compraventa hay que indicar la versión, normalmente la última: "Incoterms 2020", a continuación del término acordado.

Términos Incoterm 2020 para cualquier modo de transporte.

√ **EXW – Ex Works /En Fábrica - (indicar el lugar de entrega designado).**
√ **FCA – Free Carrier /Libre transportista- (indicar el lugar de entrega designado).**

- √ **CPT – Carriage Paid To – Transporte Pagado Hasta –** (indicar el lugar de destino designado).
- √ **CIP – Carriage and Insurance Paid to/Transporte y seguro pagados hasta –** (indicar el lugar de destino designado).
- √ **DPU –Delivered At Place Unloaded/Entregado en el lugar descargado–** (indicar el lugar de destino designado).
- √ **DAP – Delivered At Place /Entrega o reparto en lugar –** (indicar el lugar de destino designado).
- √ **DDP – Delivered Duty Paid /Entrega con Derechos Pagados –** (indicar el lugar de destino designado).

Contenedor: Si la mercancía viaja en contenedor, se aconseja utilizar términos Incoterm polivalentes (para cualquier medio de transporte), que reflejan con mayor exactitud el momento de entrega de la mercancía.

Transporte: Los Incoterms®2020 dan la posibilidad a los proveedores, en los términos FCA, DAP, DPU y DDP, de hacer uso de sus propios medios de transporte, en lugar de subcontratar a un tercero.

Términos Incoterm 2020 exclusivos para transporte marítimo y vías navegables interiores.

- √ **FAS – Free Alongside Ship/Franco al Costado del Buque -** (incluir el puerto de embarque designado).
- √ **FOB – Free on Board /Libre a bordo -** (incluir el puerto de embarque designado).
- √ **CFR – Cost and Freight – Coste y Flete –** (incluir el puerto de destino designado).
- √ **CIF – Cost Insurance and Freight – Coste, Seguro y Flete –** (incluir el puerto de destino designado).

Se recomienda evitar los términos FAS, FOB, CIF y CFR en operaciones de compraventa internacional en las que se utiliza transporte multimodal, son EXCLUSIVOS de transporte marítimo.

11 INCOTERMS©2020

7 MULTIMODALES

EXW En Fábrica.
FCA Franco Porteador.
CPT Transporte Pagado Hasta.
CIP Transporte y Seguro Pagado Hasta.
DAP Entregada en Lugar.
DPU Entregada en Lugar Descargada.
DDP Entregada Derechos Pagados.

4 MARÍTIMOS/FLUVIALES

FAS Franco al Costado del Buque.
FOB Franco a Bordo.
CFR Costo y Flete.
CIF Costo, Seguro y Flete.

Cuando se envían mercancías en contenedor por vía marítima, es transporte MULTIMODAL, no es solamente marítimo, pues además del barco, se utiliza transporte terrestre para la recogida del contenedor hasta el puerto de embarque, y desde el puerto de destino hasta el punto de entrega al comprador.

Si no se comprende bien la definición del término Incoterm, al utilizarlo se pueden producir problemas en la cadena de suministro, principalmente cuando los cambios y malentendidos en diferentes culturas chocan con las responsabilidades.

Incoterms 2020

Comprador | Vendedor

Siglas	Significado	Transp. dentro del país de origen	Carga en muelle	Transp. de un país a otro	Descarga en muelle	Trámites de importación	Transp. en el país de destino	Descarga en el destino
EXW	Entrega en fábrica	Comprador	Comprador	Comprador	Comprador	Comprador	Comprador	Comprador
FCA	Franco transportista	Vendedor	Comprador	Comprador	Comprador	Comprador	Comprador	Comprador
FAS	Franco al costado del buque	Vendedor	Comprador	Comprador	Comprador	Comprador	Comprador	Comprador
FOB	Franco a bordo	Vendedor	Vendedor	Comprador	Comprador	Comprador	Comprador	Comprador
CFR	Coste y flete	Vendedor	Vendedor	Vendedor	Comprador	Comprador	Comprador	Comprador
CIF	Coste, seguro, flete	Vendedor	Vendedor	Vendedor	Comprador	Comprador	Comprador	Comprador
CPT	Transp. pagado	Vendedor	Vendedor	Vendedor	Vendedor	Comprador	Comprador	Comprador
CIP	Transp. y seguros pagados	Vendedor	Vendedor	Vendedor	Vendedor	Comprador	Comprador	Comprador
DAT	Entrega en terminal	Vendedor	Vendedor	Vendedor	Vendedor	Comprador	Vendedor	Vendedor
DAP	Entrega en lugar	Vendedor	Vendedor	Vendedor	Vendedor	Comprador	Vendedor	Comprador
DDP	Entregado con derechos pagados	Vendedor	Vendedor	Vendedor	Vendedor	Vendedor	Vendedor	Comprador

Los términos Incoterms mal utilizados pueden afectar al pago de las mercancías, a los plazos de entrega, aumentar los gastos y costes, y generar interacciones negativas con los clientes:

a. **Hay que tener en cuenta el medio de transporte antes de elegir un término incoterm.**
b. **En el contrato hay que ser específicos con el punto de entrega acordado.**
c. **Tanto el vendedor como el comprador deben estar de acuerdo en el término incoterm a utilizar.**
d. **En la factura debe estar bien escrito el término incoterm.**
e. **Es importante especificar el año de los incoterms, se actualizan cada 10 años.**

El instrumento de los negocios internacionales más usado por los comerciantes del mundo son las Reglas de los INCOTERMS®, creadas por la Cámara de Comercio Internacional ICC.

Su uso es generalizado y aceptado en cualquier contrato de compraventa del mundo. Sin embargo, la interpretación errónea y frecuente del alcance de estas Reglas puede ser fuente de conflictos, litigios y pérdidas económicas entre compradores y vendedores.

Comprender las Reglas en su forma y fondo, conocer su correcta aplicación y por demás, aprender a interpretar y aplicar cada una de las obligaciones, reduce los riesgos en los contratos por la mala aplicación de los términos y sus obligaciones.

El objetivo principal de las Reglas INCOTERMS® es tanto facilitar la operativa de las transacciones de comercio internacional, como establecer un conjunto de términos y reglas que determinen los derechos y las obligaciones tanto del vendedor como del comprador.

*Texto tomado de la web de la Cámara de Comercio Internacional.

Los Incoterms desempeñan un papel muy importante para garantizar que el comercio internacional se realice de manera estandarizada y exhaustiva, pues sin ellos los compradores y vendedores tendrían dificultades por el idioma y las prácticas de envío.

Hay que informar a los transportistas del término Incoterm utilizado en el contrato de compraventa, para asegurarse de que el contrato de transporte concuerda con el de compraventa.

2. Elegir el término Incoterm más adecuado.

Es importante conocer bien los Incoterms para elegir el más adecuado, para ello la empresa (exportadora o importadora), debe tener claro si le interesa realizar o no el transporte principal, si quiere controlar los costes y gastos desde origen a destino, reducir los riesgos (principalmente en el transporte), o tener mayor seguridad en la cadena logística.

El grado de conocimiento y confianza entre importador y el exportador son importantes, influyen en la elección del Incoterm a acordar y en la negociación para acordar el más conveniente para ambas partes, a menor conocimiento se busca mayor seguridad, en un entorno de confianza se suele ser menos exigente.

También es primordial conocer las características de los países de origen y destino, una buena elección del Incoterm evita correr riesgos innecesarios, en aspectos como el transporte interior, carga y descarga o trámites aduaneros de importación y/o exportación.

Antes de decidirse por el término Incoterm a proponer a la otra parte, le aconsejamos tenga en cuenta las siguientes cuestiones para elegir el que mejor responde a sus intereses y los de su contraparte:

1. **Imputación de costes: Considere que parte (comprador o vendedor) debe hacerse responsable de determinados costos importantes, como del transporte, el seguro y los derechos de aduana.**
2. **Cruce de fronteras: Preste atención a las responsabilidades y riesgos cuando las mercancías cruzan las fronteras internacionales, especialmente en términos de despacho de aduanas.**
3. **Control: Debe estar muy claro cómo se realizará el control sobre el transporte y la logística, es importante e influye en la elección del Incoterm.**
4. **Punto de entrega: Acuerde con precisión con su contraparte dónde se llevará a cabo la entrega de los bienes del vendedor al comprador y la transferencia del riesgo.**
5. **Regulaciones de exportación e importación: Sea conocedor y cumpla con las regulaciones de los países exportador e importador, el término Incoterm elegido determinara que parte debe ocuparse de cumplirlas.**
6. **Transitarios y transportistas: Considere las obligaciones y responsabilidades de los transitarios y de los transportistas en el término Incoterm que vaya a acordar.**
7. **Clasificación y tipo de mercancía: Comprenda que la clasificación y tipo de mercancía puede afectar para la selección del término Incoterm, como ejemplo, es diferente una mercancía a granel que otra que se transporta contenedorizada.**
8. **Manejo de las mercancías: Clarifique con la otra parte sus responsabilidades en el embarque y desembarco de las mercancías, y los movimientos y manejo si la entrega es en una terminal.**
9. **Cobertura del seguro: Defina la cobertura de seguro de transporte que desea o se requiere, y que parte debe de procurarla.**
10. **Jurisdicción: Defina en el contrato la jurisdicción y ley que se aplicará en el caso de que se produzca una disputa, o un siniestro. Si las partes prefieren un arbitraje, debe incluirse una cláusula de arbitraje.**
11. **Capacidad logística: Evalúe la capacidad logística de las partes y acuerde con la otra parte el término Incoterm que más se ajusta dichas capacidades.**

12. Complejidad logística: Si la carga requiere un cuidado especial, puede ser apropiado elegir un término que permita que el vendedor asuma una mayor responsabilidad en la entrega de los bienes.
13. Modalidad de transporte: Elija un término Incoterm que sea apropiado a la modalidad de transportes que se vaya a utilizar, terrestre, aéreo, marítimo o multimodal. La elección del término Incoterms variará también en función de quién se encargue del transporte,
14. Métodos y medios de pago internacionales: Influyen a la hora de acordar el término Incoterm. Ejemplos:
    a. En una venta de mercancías no contenedorizada en la que del transporte (marítimo) se encarga el vendedor y del seguro de transporte el comprador, siendo el medio de pago acordado un crédito documentario, muy posiblemente el término Incoterm utilizado sea "CFR (Cost and Freight / coste y flete) ... puerto de destino convenido".
    b. En ventas en reposición de un exportador español a su cliente alemán (de total confianza), por ejemplo de frutas, que se cobran mediante una transferencia por el total a fin de mes (ventas mediante cuenta abierta), son varios los términos que pueden ser utilizados, como el término "DAP - Delivered At Place (Entrega en lugar, de destino convenido)" si quien se encarga de entregar la mercancía es el exportador, o como "EXW (Ex Works / en fábrica) … lugar convenido" si el cliente alemán envía a España su camión a recoger la mercancía.
15. El momento del pago: Sin duda afecta, y mucho, dado que los Incoterm regulan el momento de entrega de la mercancía, por ello, salvo que se disponga de un medio de cobro seguro, no parece que sea muy conveniente (salvo total confianza) acordar un término Incoterm con entrega de la mercancía antes de recibir el cobro. Tenga en cuenta cuando se acuerda la entrega dado que los pagos se pueden realizar anticipados, al contado (vista) o diferidos, total o parcialmente.
16. Control de calidad: Establezca con la otra parte en qué momento y lugar se realizará el control de calidad, debe ser compatible con el Incoterm elegido y con el momento de la entrega de la mercancía y de los documentos.
17. Transferencia de los riesgos: Los términos Incoterm contemplan la transferencia de los riesgos sobre la mercancía del vendedor al comprador, el lugar que entre ambos acuerden es un apartado muy importante y hay que tenerlo en cuenta en la negociación con la otra parte y la elección del término Incoterm que lo refleje.
18. Seguridad: Las condiciones en las que debe viajar la mercancía para una total seguridad durante el transporte y a su paso por las diferentes aduanas deben ser las idóneas, debe quedar perfectamente claro en el contrato el tipo de envase, empaque y embalaje que se utilizarán.
19. Gastos de manejo de las mercancías en las terminales: Deben quedar perfectamente definidos como se reparten entre vendedor y comprador, y tenerlo en cuenta en la elección del término Incoterm.
20. Costos y responsabilidades en la descarga de las mercancías: Deben quedar definidos en el contrato y en el término Incoterm que, asimismo, también se indica en el contrato.

La elección del Incoterm más adecuado para el importador y el exportador implica que las partes puedan controlar los costes, que el contrato del transporte principal lo realice la parte que aporte más seguridad a la operación comercial, que los riesgos sean los mínimos posibles para ambas partes y que se aporte una buena seguridad en la cadena logística.

Las partes firmantes de un contrato de compraventa conviene que sean conocedoras de los términos Incoterm y de las implicaciones de cada uno de ellos, lo que facilitará el acuerdo conforme a los intereses de ambas partes.

Tenga en cuenta que puede tener que realizar alguna concesión, bien porque la otra parte tiene mayor capacidad de negociación, bien porque su empresa no puede o desconoce cómo acometer determinados procesos, aunque esto suceda, elija el término incoterm que las contempla y, asimismo, responde a sus intereses.

Conocidas las obligaciones que desea tener cada una de las partes hay que repasar cada término Incoterm para determinar cuál es el que más se ajusta a dichos obligaciones.

Si después de nuestros consejos y su experiencia aún tiene dudas sobre el término Incoterm a aplicar y en sus operaciones de comercio exterior se apoya en un transitario, déjese asesorar, tienen experiencia en la aplicación de los Incoterms.

Para usar los Incoterms® correctamente, debe quedar especificado claramente en el contrato de compraventa el puerto, el lugar o sitio designado seguidos de "Incoterms® 2020".

3. La clasificación de los términos Incoterm.

La Cámara de Comercio Internacional recomienda que se utilicen los términos en función de si se utilizan para transporte multimodal o marítimo.

- **Incoterms para transportes multimodales: EXW, FCA, CPT, CIP, DAP, DPU y DDP.**
- **Incoterms para transportes marítimos: FAS, FOB, CFR y CIF.**

En esta publicación, para una mejor comprensión, como tradicionalmente se ha hecho, los explicamos en 4 grupos.

1. **Grupo E- De salida.**
2. **Grupo F - Transporte internacional debido.**
3. **Grupo C- Transporte internacional pagado.**
4. **Grupo D - De llegada.**

Los diferentes términos de Incoterms se agrupan dependiendo del tipo de entrega y de las responsabilidades adquiridas por el comprador y por el vendedor.

3.1 Grupo E- De salida.

De entrega directa a la salida. En este grupo el exportador coloca las mercancías a disposición del importador dentro de su propia fábrica o local. El importador se encarga del transporte y de los documentos hasta su país.

1. ▶ EXW (Ex Works / en fábrica) … lugar convenido.

El vendedor, en sus instalaciones, pone la mercancía a disposición al comprador o su transportista, o en otro lugar convenido.

- **El vendedor empaca la carga y la mantiene lista en su área de carga, luego es responsabilidad del comprador completar el envío.**

- **Si no se acuerda un punto concreto de entrega es el vendedor sobre quien recae la decisión de seleccionar dicho punto.**

El vendedor no tiene que cargar la mercancía en el medio de transporte, que aporta el comprador, ni tampoco tiene que despacharla en la aduana de exportación, se ocupa el comprador o su representante.

El vendedor realiza la entrega de la mercancía cuando la pone a disposición del comprador, en su propio almacén o en otro lugar convenido (taller, fábrica, almacén), sin despacharla para la exportación ni cargarla en un vehículo receptor.

El comprador se encarga de cargar, del transporte primario, del THC (Gastos por manipulación en la terminal) de origen, de la carga, etc.

1. **Tipo de transporte: Es un término multimodal y se utiliza con cualquier tipo de transporte, e incluso combinando varios.**
2. **Tipo de carga: Cualquier tipo, general, completa o grupaje, salvo graneles, debidamente embalada y preparada para su carga.**
3. **Transporte y Seguro: El transporte es por cuenta del comprador. No hay obligación de seguro, si bien lo normal es que el comprador lo contrate.**
4. **Transmisión de riesgos: En el lugar de entrega convenido (el almacén, fábrica o un local del vendedor).**
5. **Gastos y seguro de transporte: Por cuenta del comprador.**
6. **Formalidades aduaneras importación: Comprador.**
7. **Formalidades aduaneras exportación: Comprador.**

1. Obligaciones del comprador.

- **Recepción de la mercancía cuando se produzca el aviso y entrega de la misma por el vendedor, entregándole alguna prueba de dicha recepción.**
- **Cargar la mercancía en el lugar convenido, en vehículos proporcionados por él mismo, y despacharla de aduana para la exportación, salvo acuerdo en contrario.**
- **Es responsable del transporte de la mercancía desde las instalaciones del vendedor hasta el lugar de destino final.**
- **Asumir todos los gastos, como:**
  - √ **El transporte principal y / o interior.**
  - √ **El seguro de transporte de las mercancías, si lo desea.**

- √ Del despacho aduanero de exportación.
- √ De manipulación, por la carga en el puerto de salida y de descarga en el puerto de destino, así como las tarifas portuarias.
- √ Por licencias de exportación /importación, autorizaciones, formalidades, impuestos, etc.

- Asumir los riesgos en que puede incurrir la mercancía desde el domicilio del vendedor hasta el destino deseado.
- Abonar al vendedor los gastos que haya realizado al prestar su ayuda en la obtención de documentos, permisos, etc.
- Gestionar la exportación en el país de origen y la importación en el país de destino.
- Debe obtener las licencias y autorizaciones necesarias para la importación de la mercancía.
- Pagar todos los gastos que se produzcan, incluidos aranceles e impuestos, desde origen hasta destino.
- Es responsable de la descarga de la mercancía en el país de destino y de los trámites aduaneros si son necesarios.
- Debe organizar el transporte final de la mercancía desde el lugar de importación hasta sus instalaciones.
- Pagar los bienes y servicios adquiridos, según lo acordado en el contrato.

2. Obligaciones del vendedor.

- Pagar todos los costes relativos a la mercancía hasta que se haya entregado.
- Suministrar la mercancía y la factura de conformidad con el contrato de venta.
- Facilitar la mercancía acondicionada para protegerla durante el transporte, con su etiquetaje, codificación y embalaje.
- Poner la mercancía a disposición del comprador en el lugar designado, en la fecha estipulada.
- Notificar al comprador cuando la mercancía esté a su disposición.
- Prestar la ayuda que precise el comprador para obtener cualquier licencia, autorización, seguro, etc. (El vendedor debe obtener las licencias y autorizaciones necesarias que solo él pueda solicitar).
- Soportar los gastos (marcado, embalaje, peso, etc.) y los riesgos hasta que la mercancía se pone a disposición del comprador.
- Entregar la mercancía documentada (facturas, lista de contenido, certificados, etc.) para que el comprador o su representante pueda despacharla de exportación en la aduana.

3. Documentación a aportar por el vendedor.

- Factura comercial.
- Lista de contenido si la expedición está compuesta por más de un bulto.
- Otros documentos, dependiendo de las características del producto, como:
  1. Certificado Sanitario.
  2. Certificado de Origen.
  3. Certificado CITES.

Es aconsejable indicar en la factura y/o el contrato: EXW + lugar de entrega + Incoterms2020.

- ▲ El vendedor es responsable de la marcación, embalaje, revisión de la mercancía y de facilitar los documentos necesarios (factura comercial, la packing list, etc.).
- ▲ Quien exporta Ex Works no tiene responsabilidad respecto al transporte, si bien conviene que, al haber entregado la mercancía, tenga total seguridad en el cobro o haya cobrado previamente.
- ▲ EXW puede poner en peligro la exención del IVA para el exportador, al no controlar el despacho de exportación.

- ✓ EXW puede ser interesante en operaciones de grupaje de poco volumen, donde el conductor del vehículo del comprador carga el vehículo.
- ✓ EXW se utiliza con habitualidad para la distribución dentro de un mismo grupo empresarial, entre filiales, franquicias y sucursales, al no asumirse riesgos.

Puede parecer que, al exportador, por su uso sencillo, Exw le da ventaja respecto al importador, por trasladarle la responsabilidad en los costes, riesgos y control operativo, sin embargo, deja en manos de terceros, elementos operativos que le serían de utilidad, incluidos los administrativos y los fiscales.

No se recomienda su utilización salvo en algunos supuestos:

- En ventas nacionales o a países limítrofes, incluido el comercio intracomunitario (exportador español), cuando hay total confianza en el comprador.
- El cobro se ha realizado por anticipado o, siendo el pago diferido, se utiliza un medio de pago seguro, como un crédito documentario con documentación a entregar sencilla (ejemplo en transporte por carretera: ejemplar del remitente del CMR, factura y un recibí firmado por el transportista).
- El comprador es de total confianza y posee experiencia en la gestión de transporte y aduanas, EXW ofrece al comprador un mayor control y total flexibilidad sobre el proceso.

A tener en cuenta:

- El comprador asume todos los gastos y todos los riesgos.
- El exportador pierde el control de la mercancía en sus instalaciones, y asimismo pierde la trazabilidad.
- Si el destino es un país fuera de la UE, para deducir el IVA de la factura de venta, el exportador no se asegura disponer del DUA que pruebe la salida efectiva de la mercancía del territorio de la Unión.
- Si el pago es posterior a la entrega de la mercancía, el vendedor al aceptar este término asume el riesgo de impago.

Conviene especificar en las condiciones de venta el plazo de que dispone el comprador para cargar en el almacén del vendedor, desde que este último pone la mercancía a su disposición. Una fecha máxima exime al vendedor de responsabilidad si la mercancía se deteriora por recogerla el comprador después de dicha fecha máxima.

Un problema no menor para el vendedor es que no realiza el despacho de exportación y, dado que factura sin IVA, debe disponer de un justificante de que la mercancía ha salido del país para las autoridades tributarias, por lo que debe de ser capaz de conseguir del comprador una copia del despacho aduanero.

Conocimiento de embarque con condiciones EXW y FCA.

Es habitual la emisión de créditos documentarios (L/C,s) en los que, con condiciones de entrega EXW o FCA, se exige un juego completo de conocimientos de embarque (B/L).

- **Cuando se solicita que el exportador aporte un B/L, no debería utilizarse ninguno de estos términos incoterm, dado que el transporte principal es por cuenta del importador - ordenante del crédito documentario -.**

- **Cuando un exportador recibe un crédito documentario con condiciones de entrega EXW o FCA, en el que se solicita la aportación de un B/L, se recomienda que solicite al importador que modifique las condiciones de entrega o elimine la aportación de este documento.**

- **La modificación de las condiciones de entrega puede conllevar mayores gastos para el exportador y, como consecuencia de ello, un incremento en el precio de venta o una rebaja en los beneficios de la venta.**

- **Si se mantiene el incoterm, el exportador puede solicitar al importador (ordenante de L/C) que cambie la presentación del Conocimiento de embarque (B/L) por un Forwarder Certificate of Receipt (FCR) o por un albarán /comprobante de entrega de la mercancía.**

Los beneficiarios de créditos documentarios, si los aceptan sin modificar, se ven obligados a realizar trámites con las navieras y empresas de transporte contratadas por el importador, y a presentar documentos de transporte cuya obtención no es obligación suya.

Cuando el vendedor quiere tener el control sobre las formalidades en las aduanas de origen y, por lo tanto, sobre el DUA, es más recomendable utilizar el término FCA que EXV, pues conlleva la entrega de la mercancía despachada de aduana.

En algunas compraventas internacionales se cambia de EXW a Free Carrier (FCA), cuando la responsabilidad de cargar la mercancía a la unidad de transporte es del vendedor, al ser quien dispone de montacargas y grúas para encargarse de la maniobra de carga.

En las transacciones internacionales, la Cámara de Comercio Internacional aconseja en lugar de EXW utilizar FCA, Franco Transportista, con indicación del lugar de entrega en el almacén del vendedor.

Lugar de entrega EXW.

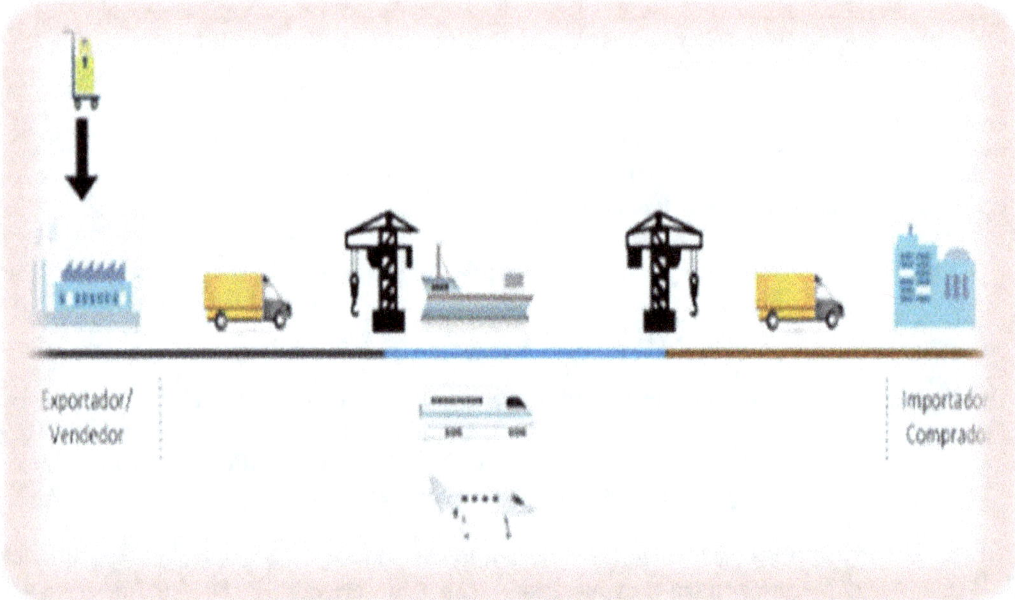

En EXW el comprador (importador) para recoger la mercancía proporciona su personal o el personal de su transportista que, siendo desconocidos para el vendedor, accede a sus instalaciones:

- Deben de estar debidamente identificados y pasar los controles de seguridad establecidos, e igualmente el material que introducen.
- Posiblemente la seguridad en las instalaciones donde se entrega la mercancía es un punto que no se ha reflejado en el contrato de compraventa, conviene tenerlo en cuenta si se acuerda EXW.

El importador (comprador) que negocia EXW debe de ser consciente de que:

- Tiene que hacer todos los trámites documentales y aduaneros, los de exportación y, posteriormente, los de importación en destino.
- Si la mercancía no se puede despachar de exportación está igualmente obligado al pago.
- La responsabilidad de la carga de la mercancía en el medio de transporte es suya.
- Tiene que hacerse cargo de todos los costes, desde la recogida de la mercancía en el país de origen.

EXW hay que utilizarlo en condiciones de máxima confianza, ya que el vendedor pierde el control de la mercancía y la garantía de que los trámites de exportación se realizarán correctamente.

EXW apostilladas.

- **EXW loaded (franco fábrica cargada): La mercancía se entrega en la instalación del vendedor cargada en el vehículo del comprador. Ejemplo: EXW Zaragoza, España cargado, ICC 2020**

- **EXW cleared (franco fábrica despachada). La mercancía se entrega en la fábrica del vendedor, que además se hace cargo de la gestión y gastos de la aduana de salida.**

La revisión 2000 de los Incoterms® introdujo estos conceptos.

Formulaciones EXW	Gastos	Riesgos
Embalaje	V	V
Entrega de la mercancía al transportista	V	V
Aduana exportación	C	C
Carga transporte principal	C	C
Transporte principal	C	C
Seguro transporte	C	C
Descarga transporte principal	C	C
Aduana importe	C	C
Al finalizar la ruta	C	C

V: Vendedor **C: Comprador**

3.2 Grupo F - Transporte internacional debido.

El exportador tiene la obligación de entregar la mercancía a un transportista nombrado por el comprador, que tiene que transportar la mercancía hasta su país.

Exportador:

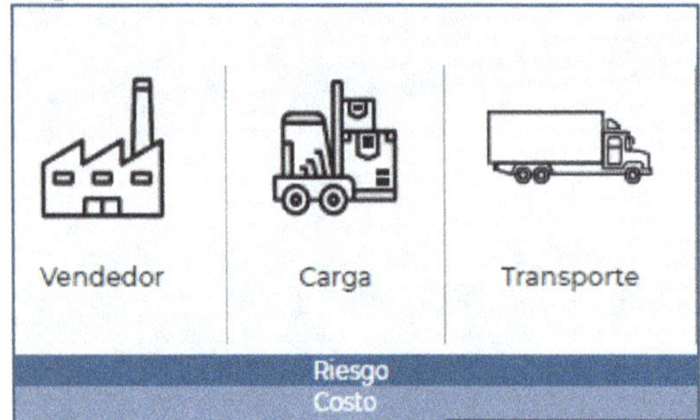

► FCA (Free Carrier / Libre o franco transportista ...lugar convenido. El vendedor entrega la mercancía al transportista designado por el comprador, en las instalaciones del vendedor o en otro lugar designado por el comprador (terminal o transporte principal). Destaca por su simplicidad y flexibilidad, es una excelente opción para envíos en camión o contenedores.

FCA respecto a la entrega se desdobla en dos tipos, (1) en las instalaciones del vendedor (como EXW) o (2) en otro lugar designado, siempre en el país de origen de la mercancía, el del vendedor. El despacho aduanero de exportación corre a cargo del vendedor.

Las dos condiciones para que el Incoterm se cumpla son que la entrega de la mercancía se realice a la unidad de transporte (transportista) contratada por el comprador y que se entregue en el lugar acordado, que puede ser:

1. **En los almacenes del vendedor, o**
2. **El almacén de transporte designado por el comprador, o**
3. **Al transportista internacional, en el país de origen.**

Para una entrega sin contratiempos, conviene que en el contrato de compraventa se especifique con claridad el lugar de entrega FCA, la dirección completa si se realiza en las instalaciones del vendedor o una descripción detallada del lugar alternativo.

El comprador escoge el medio de transporte y el transportista que lo efectuará, con el que firma el contrato de transporte.

"Transportista" es la persona que, en un contrato de transporte, se compromete a efectuar o hacer efectuar un transporte por ferrocarril, carretera, aire, mar, vías navegables interiores o por una combinación de algunos de estos modos.

Las principales ventajas de FCA respecto a EXW son:

1. **Cuando la entrega se realiza en sus instalaciones, el vendedor es el responsable de realizar la carga de la mercancía en el medio de transporte que pone el comprador.**

2. El vendedor realiza los trámites de exportación, lo que le permite justificar ante la Agencia Tributaria (caso de España) la emisión de la factura exenta de IVA.

El vendedor entrega la mercancía al transportista u otra persona indicada por el comprador, despachada de aduana para la exportación o asumiendo el coste del despacho aduanero, en el lugar convenido.

- En FCA conviene precisar con cuidado el "punto convenido", FCA Barcelona, España no sería suficiente, mejor indicar si la entrega es en la fábrica del vendedor, en un lugar de agrupamiento, en el muelle X del puerto de Barcelona, etc.

- Se recomienda "FCA Puerto de embarque" cuando el transporte principal es marítimo, normalmente más beneficioso para la empresa exportadora, ya que gestiona el transporte hasta, al menos, el puerto de salida.

El lugar de entrega de la mercancía influye en las obligaciones de carga y descarga:

√ Si la entrega es en los locales del vendedor, éste es responsable de la carga debidamente embalada en el vehículo proporcionado por el comprador. La entrega de la mercancía se considera realizada en el momento en que las mercancías se encuentren cargadas

√ Si el vendedor realiza la entrega en otro lugar distinto de sus locales, no es responsable de la carga de la mercancía en un vehículo proporcionado por el comprador.

El incoterm FCA en envíos FCL y LCL.

- En FCL (envío de la mercancía en un contenedor completo), el contenedor puede colocarse en las instalaciones del vendedor si es lo acordado con el comprador.
- Si la carga se transporta como LCL (grupaje marítimo), se suele requerir que el vendedor entregue las mercancías en un almacén designado para su consolidación.

Cuando el vendedor entrega la mercancía en un almacén de transitario, una terminal de transporte por carretera, ferroviaria, aérea o marítima, lleva la mercancía hasta el terminal pero no la descarga del vehículo, lo hace quien recibe la mercancía.

Cuando el vendedor debe entregar la mercancía fuera de sus almacenes, pone la mercancía preparada y a disposición del transportista contratado por el comprador en el lugar designado, pero no está obligado a descargarla del vehículo en el que la ha transportado hasta allí.

Los costes y gastos, como el riesgo, pasan al comprador cuando el transportista del vendedor llega al lugar designado.

1. Tipo de transporte: Cualquier medio de transporte, es un término multimodal, e incluso combinando varios medios.
2. Tipo de carga: Cualquier tipo, general, en contenedores, completa o grupaje. La mercancía se entrega en el lugar designado preparada para la descarga por el comprador.

3. **Transporte y Seguro:** El transporte principal es por cuenta del comprador. No hay obligación de seguro por ninguna de las partes, si bien lo normal es que el comprador lo contrate.
4. **Transmisión de riesgos:** Al entregar la mercancía al transportista principal en el lugar designado.
5. **Gastos y seguro de transporte:** Del comprador, desde que se pone la mercancía a disposición de su transportista.
6. **Formalidades aduaneras importación:** Comprador.
7. **Formalidades aduanera exportación:** Vendedor.

1. Obligaciones del comprador.

- Soportar los gastos de transporte y flete, desde la recepción de la mercancía por el transportista.
- Informar al vendedor del lugar de entrega de la mercancía y del transportista o transitario que se hará cargo de ella para el transporte principal.
- Comunicar al vendedor con suficiente antelación el modo de transporte, el nombre del transportista y la fecha de recepción de la mercancía.
- Retirar la mercancía recibida en el lugar de entrega convenido, en conformidad con el pedido.
- Si el transportista no se hace cargo de la mercancía, soportar los gastos a partir de la fecha máxima convenida.
- Pagar los gastos de inspección previa al embarque, excepto si la ordenan las autoridades del país exportador.
- Asumir todos los costes y riesgos del tráfico internacional de la mercancía, desde que el vendedor la entrega al transportista o transitario del comprador.
- Contratar un seguro para cubrir los riesgos durante el transporte, si lo desea.
- Conseguir las licencias, autorizaciones y formalidades de importación.
- Pagar todos los derechos, impuestos y otras cargas oficiales de importación.
- Realizar la descarga de la mercancía en el país de destino y el transporte final hasta sus instalaciones, y los trámites aduaneros.
- Pagar al vendedor los bienes y servicios adquiridos, según lo acordado en el contrato de compraventa.

2. Obligaciones del vendedor.

- Obtener la licencia y permisos de exportación si se necesitan, y realizar los trámites aduaneros para la exportación.
- Entregar la mercancía con el empaquetado y embalaje adecuados, para protegerla durante el transporte.
- Informar al comprador cuando la mercancía está lista, y entregarla al transportista o transitario del comprador en el lugar convenido.
- Contratar el transporte, por cuenta y riesgo del importador, si éste lo solicita o si responde a la práctica comercial habitual.
- Poner la mercancía despachada en aduana para la exportación a disposición del transportista indicado por el comprador o a la persona designada por él.
- Pagar los gastos hasta que la mercancía se entrega al transportista o transitario del comprador.

- Si la mercancía se recoge en las instalaciones del vendedor, asumir los costes y gastos de la carga en el medio de transporte.
- Pagar los gastos aduaneros, derechos arancelarios, impuestos y otras cargas exigibles a la exportación.
- Asumir los riesgos de pérdida o daño de la mercancía hasta que se entrega.
- Suministrar información, por cuenta y riesgo del importador, para que éste contrate el seguro.
- Entregar la mercancía en la fecha o dentro del plazo convenido. (A falta de instrucciones sobre la entrega, puede hacerlo en la forma que exija el modo de transporte y/o naturaleza de la carga).
- Avisar al comprador de la entrega de la mercancía al transportista o, en su caso, de que no se ha producido la entrega según lo previsto.
- Entregar al comprador la documentación original justificativa de la adquisición de la mercancía (factura, lista de bultos y demás documentos), de acuerdo con el contrato de compraventa.
- Asistir al comprador en sus necesidades (documentación, asistencia, etc.) para que pueda realizar el tráfico internacional de la mercancía.

3. Documentación a aportar por el vendedor.

- Factura comercial.
- Lista de contenido si la expedición esté compuesta por más de un bulto.
- Otros documentos dependiendo de las características del producto:
  1. Certificado Sanitario.
  2. Certificado de Pesos.
  3. Certificado CITES.

FCA es una regla recomendada para productos que se transportan en contenedores, donde el comprador organiza el transporte principal, cuando el vendedor estima que no existe riesgo de impago.

* La flecha gruesa indica el momento de la entrega de la mercancía por el vendedor.

El FCA implica que la mercancía se entrega físicamente al transportista, lo que permite identificar a quien se traspasa la propiedad de la mercancía y el punto de transferencia de riesgo, queda más claro que en EXW.

- **En el envío de contenedores por transporte marítimo, el término FCA puede ser más interesante para el exportador que el término FOB, al entregarse la mercancía en una terminal marítima evita los gastos de manipulación en el puerto de salida, que los asume el comprador.**

- **FCA 2020 ofrece la opción de hacer una anotación a bordo en el conocimiento de embarque marítimo, al cargar la mercancía en el barco, esta nueva disposición se agregó principalmente para tratar las necesidades de los créditos documentarios.**

  No debe de confundirse una anotación con que el vendedor figure como remitente en el conocimiento de embarque, pues supondría imponer al vendedor responsabilidades que no conocía y no ha aceptado.

- **Si el transporte se produce en un contenedor para transporte marítimo y el lugar designado de entrega son las instalaciones del vendedor, la carga en el medio de transporte interior es responsabilidad del importador, y asimismo la responsabilidad de la carga del contenedor en el buque del comprador (importador).**

- **Cuando el transporte principal es marítimo, el comprador (importador) debe figurar como Shipper en el Conocimiento de embarque (Bill of Lading – B/L).**

Es aconsejable indicar en la factura y/o el contrato: FCA + lugar de entrega + Incoterms2020.

El término Incoterm FCA lo recomienda la CCI en lugar de FOB en el transporte multimodal en contenedor.

FCA es un Incoterm muy utilizado, siendo una de las novedades de 2020 que el comprador y el vendedor pueden utilizarlo incluso acordando la posibilidad de que el vendedor utilice un medio de transporte propio y no de un tercero.

En los créditos documentarios no se aconseja utilizar FCA cuando se solicita al exportador la presentación del conocimiento de embarque dado que, con condiciones de entrega FCA, el transporte principal corre por cuenta del ordenante.

Dado que en FCA la entrega de la mercancía del vendedor al comprador se realiza antes de la contratación del transporte principal y éste corre a cargo del comprador, el vendedor no tiene posibilidad de conseguir el conocimiento de embarque.

A pesar de lo indicado en los dos párrafos anteriores, es habitual la emisión de créditos documentarios FCA que exigen el juego completo de B/L.

A bordo (on board).

Cuando se venden mercancías en condiciones FCA para transportarlas por mar, puede ocurrir que el vendedor o el comprador, o sus bancos si existe un crédito documentario, quieran un conocimiento de embarque que contenga la expresión de "a bordo (on board)".

La mención "a bordo" suele ser imprescindible en el B/L cuando se utiliza en un crédito documentario, ya que acredita y evidencia el embarque de la mercancía en el buque.

La regla FCA 2020 permite, acordado por el comprador y el vendedor, que el comprador (importador) solicite al transportista (la naviera) que, una vez embarcada la mercancía, emita al proveedor (vendedor) el Conocimiento de Embarque (B/L) con la mención "on-board" (a bordo).

Soluciona el tema de la documentación requerida por el proveedor para entregar a su banco en compraventas amparadas en Créditos Documentarios.

Antes de acordar un FCA para un transporte marítimo desde un lugar que no sea la terminal de salida del transporte principal, hay que tener seguridad y convenir con la naviera que no va a existir ningún problema para emitir el conocimiento de embarque al vendedor con la mención "a bordo" (on Board).

Formulaciones FCA	Gastos	Riesgos
Embalaje	V	V
Entrega de la mercancía al transportista	V	V
Aduana exportación	V	V
Carga transporte principal	C	C
Transporte principal	C	C
Seguro transporte	C	C
Descarga transporte principal	C	C
Aduana importe	C	C
Al finalizar la ruta	C	C

V= vendedor **C=comprador.**

Variante FCA apostillada.

FCA ex Sellers premises (franco transportista en las instalaciones del vendedor).

El transportista internacional acude a las instalaciones del vendedor a buscar la mercancía (se parece a EXW cleared, depende de que haya que cargar la mercancía o no en el camión, si no hay que cargarla es idéntico).

► **FAS (Free Alongside Ship / franco al costado del buque) ... puerto de carga convenido.** **Se utiliza en el transporte de mercancías por barco (mar o vías fluviales).**

Exportador:

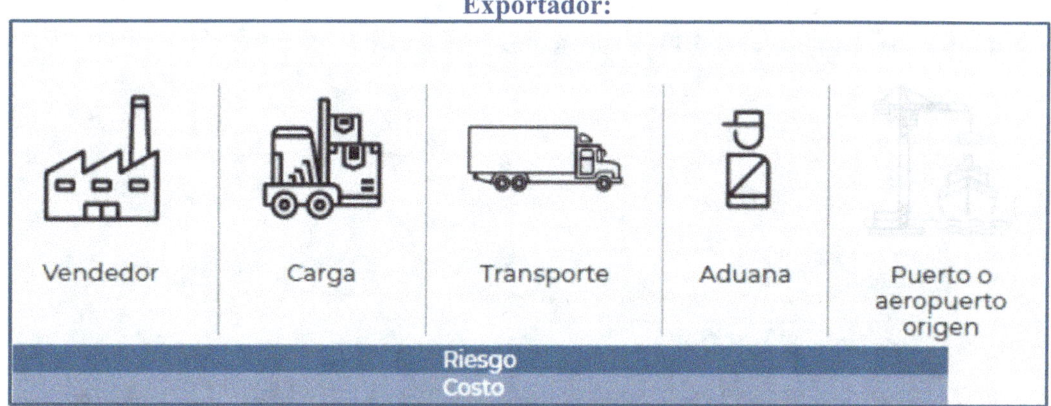

El vendedor entrega la mercancía al costado del buque (en el muelle o en alijadores), en el puerto marítimo de embarque designado por el comprador. La mercancía se entrega en el muelle del buque que está ya allí o que su llegada es inminente.

La entrega de la mercancía puede realizarse también al lado de los medios de manipulación y carga de la mercancía (cintas transportadoras, grúas, etc.,), y también en un barco auxiliar o barcaza al costado del buque contratado por el comprador.

Es recomendable indicar, si se conoce, la dársena o muelle donde va a atracar el buque en que se cargará la mercancía, beneficioso para las partes que se indique en el contrato si en el momento de la firma ya se conoce.

Cuanto mejor documentado este el proceso de entrega en el contrato de compra-venta mucho mejor.

- **Una buena opción para el exportador que no controla los contratos de fletamento marítimo, ya que solamente le obliga a despachar de aduana de exportación y a gestionar el transporte desde el almacén a la terminal.**

- **Se suele utilizar en transporte en la bodega de buque de mercancía a granel, o para mercancías que, por su naturaleza o dimensiones, requieren de una operativa de carga especial.**

Una vez que el vendedor cumple con la entrega de la mercancía, el riesgo de pérdida o daño lo asume el comprador.

Es adecuado para cargas que no viajan en contenedores, principalmente para graneles, mercancías líquidas o químicas, etc., que se cargan directamente en los buques.

El termino FAS se usa en modalidad marítima (o por vías navegables), con carga no contenerizada en puertos especializados en este tipo de productos, para mercancías no individualizables (graneles).

Si la mercancía viaja en contenedor, lo usual es que se deposite en una terminal y no al costado del buque, siendo en ese caso más apropiado utilizar el término FCA.

1. Tipo de transporte: Marítimo.
2. Tipo de carga: Cualquier tipo, general.
3. Transporte y Seguro: El transporte principal es por cuenta del comprador. No hay obligación de seguro, si bien lo normal es que el comprador lo contrate.
4. Transmisión de riesgos: En el momento de entrega de la mercancía en el muelle de embarque.
5. Gastos y seguro de transporte: Del comprador, desde que se entrega la mercancía en el muelle de embarque.
6. Formalidades aduaneras importación: Comprador.
7. Formalidades aduaneras exportación: Vendedor.

1. Obligaciones del comprador.

- Contratar el transporte de la mercancía desde el puerto de embarque. (Si la contratación la realiza el vendedor lo hace a porte debido).
- Informar al vendedor del lugar de entrega de la mercancía.
- Comunicar al vendedor el nombre del buque y de la naviera que se hará cargo de ella, y la fecha requerida.
- Recibir la mercancía al costado del buque, en conformidad con el pedido, y aceptar el justificante de entrega que suministra el exportador.
- Se responsabiliza de la manipulación y carga de la mercancía desde el lugar de entrega en el puerto hasta el buque designado.
- Asumir los riesgos del tráfico internacional, de pérdida y daño de la mercancía, desde que se coloca al costado del buque.
- Asumir los costes de carga y colocación en el buque, flete desde origen a destino, descarga y trámites en la aduana de importación, demoras, etc., y cualquier otro adicional incurrido desde la entrega.
- Pagar los gastos de inspección previa al embarque y otros gastos y gravámenes incurridos para la obtención de documentos.
- Si lo considera conveniente, contratar y pagar un seguro para cubrir los riesgos de transporte marítimo o fluvial.
- Obtener, si procede, la licencia de importación y otras autorizaciones necesarias, y llevar a cabo las formalidades aduaneras para la importación.
- Organizar el transporte final de la mercancía desde el puerto de destino hasta sus instalaciones.

- **Pagar los bienes y servicios adquiridos al vendedor, según lo acordado en el contrato de compraventa.**

El comprador debe dar al vendedor toda la información sobre el nombre del buque, el lugar de carga y el momento de entrega.

Si las partes han acordado que la entrega debe llevarse a cabo dentro de un plazo, el comprador tiene la opción de elegir la fecha dentro de ese período.

2. Obligaciones del vendedor.

- **Realizar un empaquetado y embalaje adecuados de la mercancía, para protegerla durante el transporte hasta su destino final.**
- **Informar al comprador cuando la mercancía va a estar a su disposición en el muelle.**
- **Realizar los trámites para el despacho de aduanas de exportación (licencias y autorizaciones necesarias), asumiendo los gastos de la tramitación.**
- **Entregar la mercancía al costado del buque, en el lugar de carga indicado por el comprador, en la fecha acordada (El vendedor es responsable del transporte de la mercancía desde sus instalaciones hasta el lugar de carga.)**
- **Asumir los riesgos de la mercancía hasta su puesta a disposición del comprador.**
- **Contratar el transporte, por cuenta y riesgo del importador, si éste lo solicita (puede negarse avisando de ello al importador).**
- **Pagar los gastos, incluidos los aduaneros de exportación, hasta que la mercancía se deposita al costado del buque.**
- **Entregar la documentación original justificativa de la adquisición de la mercancía, la factura comercial, las listas de contenido y pesos, y otros documentos que se acuerden.**
- **Asistir y ayudar al comprador en sus necesidades (documentación, asistencia, etc.), en el país de entrega y/o de origen, para que pueda realizar el tráfico internacional de la mercancía.**

3. Documentación a aportar por el vendedor.

- **Factura comercial.**
- **Lista de contenido si la expedición esté compuesta por más de un bulto.**
- **Otros documentos dependiendo de las características del producto, como:**
  - √ **Certificado Sanitario.**
  - √ **Certificado de origen.**
  - √ **Certificado de Pesos.**

El término FAS se utiliza para usos concretos en modalidad marítima (o por vías navegables), normalmente con carga no contenerizada, para mercancía imposible de

individualizar (graneles fundamentalmente) y en puertos especializados en la carga y descarga de este tipo de productos.

- El vendedor no debería depositar la mercancía en el muelle designado hasta que el buque esté o se pueda observar su llegada en breve plazo.

- El vendedor asume todos los costes hasta la entrega, incluidos los de las operaciones de verificación que sean necesarias y del embalaje apropiado para el transporte.

- El vendedor debe, si es necesario y en un plazo apropiado, proporcionar al comprador (o ayudarlo para su obtención) los documentos e información para la seguridad de las mercancías y/o para su transporte al destino final.

- La maniobra de subir la mercancía del muelle al buque le corresponde al comprador, momento en el que se hace responsable de los riesgos, transporte, seguros, trámites aduanales de importación y tránsito en países de tránsito.

- El comprador o la entidad contratada para que haga la gestión portuaria, debe conocedor los usos del puerto de embarque, los medios de manipulación, las tarifas y tasas a abonar, seguridad portuaria, etc.

- El comprador asume, desde el momento de la entrega en el muelle, todos los gastos y riesgos de pérdida o deterioro, incluyendo el retraso de la embarcación o la anulación de la escala.

- Es importante que el comprador que acepta la utilización de este Incoterm tenga la capacidad y los recursos necesarios para realizar la carga en el buque de manera eficiente y segura.

Aconsejable indicar en la factura y/o el contrato: FAS + lugar de entrega + Incoterms2020.

En el envío de contenedores por transporte marítimo, el término FCA puede ser más interesante para el exportador que FAS, dado que se entrega la mercancía en una terminal marítima.

Formulaciones FAS	Gastos	Riesgos
Embalaje	V	V
Entrega de la mercancía al transportista	V	V
Aduana exportación	V	V
Carga en transporte principal	C	C
Transporte principal	C	C
Seguro transporte	C	C
Descarga transporte principal	C	C
Aduana importación	C	C
Al finalizar la ruta	C	C

V: vendedor C: comprador

► FOB (Free on Board / franco a bordo) ... puerto de carga convenido. **El vendedor exportador despacha la carga en la aduana y entrega la mercancía a bordo del buque designado por el comprador, en el puerto marítimo convenido; cumple su obligación de entrega cuando la mercancía sobrepasa la borda del buque.**

Exportador:

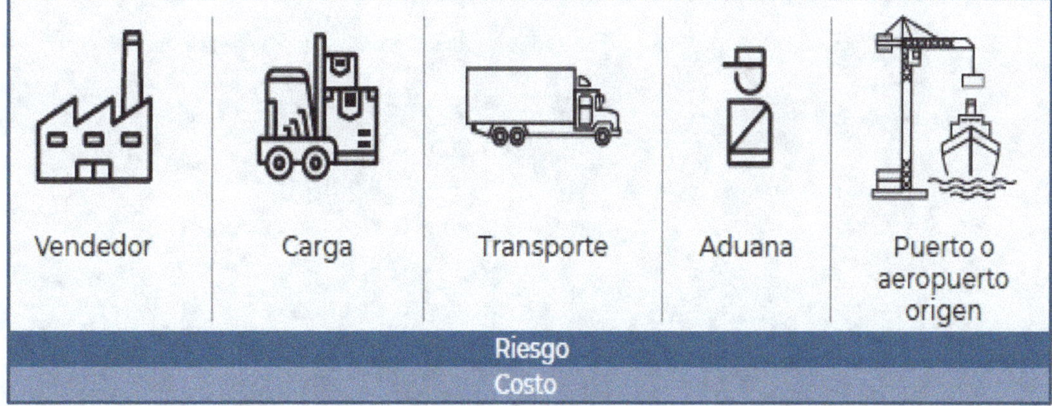

- **El vendedor asume todos los costes hasta que la mercancía está en el buque, incluidas las operaciones de carga. El exportador asume los gastos de manipulación portuaria.**
- **El vendedor entrega la mercadería en el buque. Todos los cargos hasta este momento corren por cuenta del vendedor.**

- **El comprador escoge el buque, paga el flete y soporta los costes y el riesgo de pérdida o daño de la mercancía desde que se embarca.**

- **El flete marítimo, el cargo de seguro, los gastos de manejo en el puerto de destino, los cargos de despacho de importación y aranceles si los hay son por cuenta del comprador / destinatario.**

Este término se utiliza cuando el transporte de la mercancía se realiza por barco (mar o vías fluviales de navegación interior), si el transporte es aéreo en condiciones similares se recomienda utilizar el término FCA.

1. **Tipo de transporte: Marítimo. No se aconseja en el transporte de contenedores.**
2. **Tipo de carga: Cualquier tipo, general, si bien es más apropiado en cargas complejas, maquinarias, graneles, etc.**
3. **Transporte y Seguro: El transporte principal es por cuenta del comprador. No hay obligación de seguro, si bien lo normal es que el comprador lo contrate.**
4. **Transmisión de riesgos: Pasan al comprador cuando la mercancía traspasa la borda del buque de embarque.**
5. **Gastos y seguro de transporte: Por cuenta del comprador desde que se sitúa la mercancía a bordo del buque.**
6. **Formalidades aduaneras importación: Comprador.**
7. **Formalidades aduaneras exportación: Vendedor.**

Free On-Board (FOB), "franco a bordo o libre a bordo", es uno de los Incoterm®, más utilizados en el transporte marítimo.

La "borda del buque", normalmente, se interpreta como la línea imaginaria perpendicular al costado del buque.

"A bordo" del buque significa que las mercancías han sido liberadas del aparejo/gancho.

"Estiba" es la adecuada colocación y distribución de las mercancías en una unidad de transporte de carga.

En condiciones F.O.B. el criterio es que las mercancías se consideran entregadas a bordo del buque cuando se depositan en la cubierta, no cuando están estibadas y trincadas.

En la estiba FOB, el amarre y aseguramiento son responsabilidad del comprador, ya que se producen después de que los bienes se entregan en el buque.

Estas circunstancias deben de tenerlas en cuenta el vendedor y el comprador al realizar el contrato de compraventa, por si deciden otra cosa, en el que conviene que quede definido quien paga, o como se reparten los gastos, de estiba y trincaje.

1. Obligaciones del comprador.

- **Conseguir la licencia de importación y cualquier otra autorización oficial que sea necesaria, y realizar las formalidades aduaneras de importación.**
- **Contratar el transporte de la mercancía desde el puerto de embarque. (Si la contratación del transporte la realiza el vendedor lo hace a porte debido).**
- **Avisar al vendedor el nombre de la naviera y del buque que se hará cargo de la mercancía, y el lugar de carga y la fecha de entrega requerida.**
- **Recibir la mercancía cargada en el buque, en conformidad con el pedido.**
- **Asumir los riesgos del tráfico internacional de la mercancía, de pérdida o daño, y todos los gastos desde que sobrepasa la borda del buque.**
- **Pagar los costes desde la entrega de la mercancía (flete, descarga en el puerto de destino, trámites de aduana de importación, etc.).**
- **Pagar los gastos de la inspección previa al embarque, excepto si ha sido ordenada por las autoridades del país exportador.**
- **Si lo estima necesario, contratar un seguro para cubrir los riesgos durante el transporte.**
- **Realizar el transporte final de la mercancía, desde el puerto de destino hasta sus instalaciones.**

- **Pagar los bienes y servicios adquiridos, según lo acordado en el contrato de compraventa.**

2. Obligaciones del vendedor.

- **Realizar el empaquetado y embalaje adecuados de las mercancías para protegerlas durante el transporte hasta su destino final.**
- **Si es necesaria, obtener la licencia de exportación o documento análogo, y realizar los trámites aduaneros de exportación.**
- **Pagar los gastos, incluidos los aduaneros de exportación, hasta que la mercancía se deposita a bordo del buque.**
- **Verificar, embalar, marcar y realizar las inspecciones preembarque de la mercancía que sea obligatorias en su país (del exportador).**
- **Transportar la mercancía desde sus instalaciones hasta el lugar de carga en el puerto de embarque.**
- **Entregar la mercancía a bordo del buque designado y dar aviso al comprador.**
- **Dar apoyo al importador para la obtención del documento de transporte, facilitando la documentación e información necesaria para el transporte de la mercancía, por cuenta y riesgo del importador.**
- **Contratar el transporte, por cuenta y riesgo del importador, si éste lo solicita, si bien puede negarse avisando de ello al importador.**
- **Obtener en su país los documentos que necesita el comprador para la importación de la mercancía, y para el tránsito por otros países.**
- **Facilitar al comprador información para la contratación del seguro de transporte.**
- **Entregar la factura comercial, packing list y la documentación original justificativa de la adquisición de la mercancía.**
- **Asistir al comprador en sus necesidades (documentación, asistencia, etc.) para que pueda realizar el tráfico internacional de la mercancía.**

El vendedor soporta los riesgos de pérdida o daño de la mercancía, y los gastos que se generan, hasta el momento en que sobrepasa la borda del buque en el puerto de embarque.

Variantes FOB apostilladas.

- **FOB stowed (FOB estibado). El vendedor entrega la mercancía estibada en el buque.**
- **FOB trimmed (FOB equilibrado). El vendedor asume la totalidad de los gastos de la mercancía en el puerto de embarque.**

3. Documentación a aportar por el vendedor.

- **Factura comercial.**
- **Lista de contenido cuando la expedición está compuesta por más de un bulto.**

- **Otros documentos, dependiendo de las características del producto, como:**
    1. **Certificado Sanitario.**
    2. **Certificado de Pesos.**
    3. **Otras certificaciones relativas al producto a tramitar en el país de origen.**

Es aconsejable indicar en la factura y/o el contrato: FOB + lugar de entrega + Incoterms2020.

- **Debe utilizarse FOB cuando las mercancías se entregan "across the ship rail", a través de la borda del buque.**

- **"Puesta FOB" es la terminología de los transitarios para señalar que las operaciones anteriores al embarque se han efectuado.**

- **El conjunto de las operaciones para la "puesta FOB" representan un coste que paga el vendedor, son los "gastos de puesta en FOB".**

Cuando la mercancía se encuentra en el puerto de carga, el vendedor avisa al comprador que está en proceso de carga o, en su caso, que el buque no ha tomado la mercancía en la fecha acordada.

- **Si las mercancías se dañan en el proceso de carga en el buque, el responsable es el vendedor.**

- **Si las mercancías se pierden en el mar o sufren un siniestro una vez realizada la carga, el responsable es el comprador.**

Si el comprador no avisa al vendedor del nombre del buque, el punto de carga y, cuando sea necesario, el momento de entrega escogido dentro del plazo acordado, para que el vendedor pueda entregar la mercancía en tiempo y forma.

Si el buque designado por el comprador:

1. **No llega a tiempo para permitir al vendedor entregar la mercancía; o**
2. **No puede hacerse cargo de la mercancía; o**
3. **Deja de admitir carga antes del momento notificado.**

Entonces el comprador corre con todos los riesgos de pérdida o daño causados a la mercancía:

1. **Desde la fecha acordada; o en ausencia de una fecha acordada,**
2. **Desde la fecha notificada por el vendedor dentro del plazo acordado; o si no se ha notificado tal fecha.**
3. **Desde la fecha de expiración de cualquier plazo acordado para la entrega.**

Siempre que la mercancía se haya identificado claramente por el vendedor como los bienes objeto del contrato.

Si las mercancías se ponen a disposición del transportista, para su introducción posterior en el buque, debe utilizarse FCA, no es aconsejable usar FOB.

No es aconsejable para el exportador utilizar FOB con contenedores que se entregan en una terminal marítima, FCA puede ser más interesante, pues se evitan los gastos de manipulación en el puerto de salida, que los asume el comprador.

*La flecha gruesa indica el momento de la entrega de la mercancía por el vendedor.

Cuando se trata de un transporte aéreo, FOB no debe de utilizarse, ya que está concebido para el transporte marítimo. En su lugar, el Incoterm® 2020 debería ser FCA.

En ocasiones, la mercancía se entrega en un puerto secundario, en un buque "Feeder" para llegar al puerto base, de donde saldrá el buque "mother vessel" hacia el destino final.

Si la negociación involucra puertos secundarios donde hay una aduana, entonces FOB se aplica en el puerto secundario, a pesar de que el buque utilizado sea un "Feeder" que transita para llegar al puerto principal.

* Buque Feeder: de dimensiones reducidas para alimentar a buques grandes.

Formulaciones FOB	Gastos	Riesgos
Embalaje	V	V
Antes de la entrega en la Aduana de exportación	V	V
Aduana exportación	V	V
Carga transporte principal	V	V
Transporte principal	C	C
Seguro transporte	C	C
Descarga transporte principal	C	C
Aduana importe	C	C
Al finalizar la ruta	C	C

V: vendedor C:comprador

En Estados Unidos, el Incoterm FOB (Free on Board) puede utilizarse para un envío en barco, y también para transporte aéreo. Un envío FOB en Estados Unidos señala únicamente un destino. Hay cuatro tipos:

- **FOB /Punto de partida: El comprador paga todo.**
- **FOB /Frontera: El fabricante paga hasta la frontera, sin pagar los aranceles de la mercancía.**
- **FOB /Punto de venta: La mercancía se envía hasta un destino en USA y, por ello, el proveedor paga los aranceles de la mercancía. Se señala el punto franco escogido.**
- **FOB /Destino con aranceles cancelados: El fabricante se encarga de todo, sin la ayuda del comprador. Muchas de las ventas en USA se realizan en estas condiciones.**
- **FOB/Destino con aranceles cancelados: El fabricante se encarga de todo, sin la ayuda del comprador. Se dice también DDP/Entregado con los impuestos de aduana pagados. La mayoría de las ventas en Estados Unidos se efectúan bajo esta premisa.**

3.3 Grupo C- Transporte internacional pagado.

Transporte internacional pagado. El vendedor cumple su obligación de entrega en el país de partida y asume la obligación de pagar el transporte hasta el lugar convenido de destino, pero no los riesgos de dicho traslado.

- **El exportador contrata el transporte, sin asumir el riesgo por pérdida o daño de la mercancía o costos adicionales debido a sucesos que ocurran después del embarque.**

- **La responsabilidad de la mercancía durante el transporte principal es del comprador.**

En CFR, CIF, CPT o CIP el lugar designado puede no ser el mismo que el de entrega, el destino es hasta donde el transporte ha sido pagado. Para precisar el destino final de la mercancía y evitar cualquier ambigüedad, conviene mencionar el lugar preciso.

- **En los incoterms del grupo C la entrega se realiza en origen, los contratos reflejan que la mercancía se entrega en el embarque, ni en la llegada ni en destino.**
- **En todos los términos C, la empresa vendedora cumple con la obligación de la entrega cuando se pone la mercancía en poder del primer porteador.**
- **El riesgo del vendedor al comprador se transmite cuando la mercancía se entrega al primer porteador, en el país de origen.**

> ⚠ **En los Incoterms del grupo C (CIF, CFR, CIP y CPT), la entrega se produce en origen, igual que en los términos del grupo F.**
>
> ⚠ **En los Incoterms del grupo C, el lugar designado es hasta donde el transporte ha sido pagado por el exportador, no es el mismo que el de entrega de la mercancía.**
>
> ⚠ **En los Incoterms del grupo C, la responsabilidad de la mercancía durante el transporte principal es del comprador, desde la entrega en origen hasta destino.**
>
> ⚠ **En los Incoterms del grupo C, las transferencias de los riesgos y de los costes se producen en lugares diferentes.**

► **CFR (Cost and Freight / coste y flete) ... puerto de destino convenido. El vendedor entrega la mercancía al comprador despachada en la aduana de exportación, a bordo del buque, momento en el que transfiere el riesgo de daño o pérdida de la mercancía.**

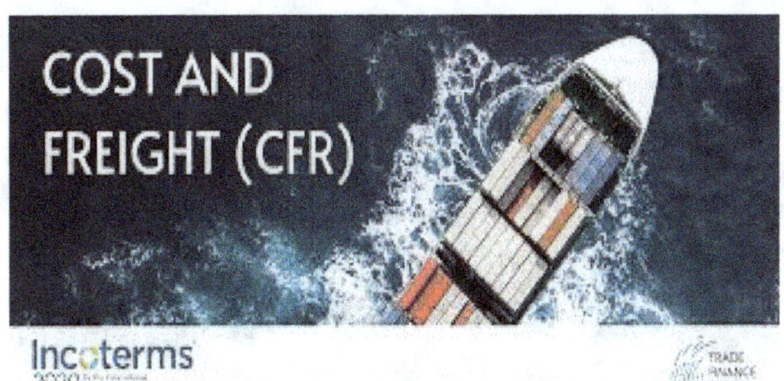

Se utiliza generalmente para el transporte de mercancías en buques graneleros y de carga general, incluyendo piezas de grandes dimensiones o pesos.

Exportador:

El vendedor contrata el transporte marítimo y paga los costes y el flete hasta el puerto de destino (descarga no incluida). Cumple su obligación de entrega de la mercancía cuando ésta sobrepasa la borda del buque en el puerto de embarque.

En la estiba CFR, amarre y aseguramiento son por cuenta del vendedor pues, aunque se producen después de que los bienes se entregan en el buque, los contratos de transporte con los vendedores suelen incluir estas acciones.

- **El coste del despacho de la carga en el puerto de carga, del flete marítimo, los aranceles de exportación corren por cuenta del vendedor.**
- **El vendedor entrega al comprador un documento de transporte válido, hasta el puerto de destino convenido, para las mercancías contractuales.**

El flete internacional lo tiene que contratar y pagar el vendedor (el exportador).

El comprador asume el riesgo de pérdida o daño de la mercancía, así como cualquier coste adicional, después de la entrega a bordo del buque en el puerto de embarque.

- **Los cargos de manejo en el puerto de destino, cargos de despacho de importación y aranceles si los hubiera, y los de seguro son por cuenta del comprador / importador.**

- **El exportador puede tener que satisfacer los costes de descarga de la mercancía en el puerto de destino si lo recoge el contrato de transporte, conviene su revisión detallada para evitarlos.**

Este término se utiliza cuando el transporte de la mercancía se realiza en barco (mar o vías fluviales de navegación interior).

1. Tipo de transporte: **Marítimo, no aconsejable para multimodal.**
2. Tipo de carga: **Cualquier tipo, operaciones de carga general.**
3. Transporte y Seguro: **El transporte es por cuenta del vendedor. No hay obligación de seguro, si bien lo normal es que el comprador lo contrate.**
4. Transmisión de riesgos: **Pasan al comprador cuando la mercancía traspasa la borda del buque en que se embarca.**
5. Gastos y seguro de transporte: **Son por cuenta del vendedor hasta que la mercancía llega al puerto de destino.**
6. Formalidades aduaneras importación: **Comprador.**
7. Formalidades aduaneras exportación: **Vendedor.**

1. Obligaciones del comprador.

- **Conseguir la licencia de importación o cualquier otra autorización oficial necesaria, y realizar los trámites aduaneros para la importación de la mercancía.**
- **Recibir la mercancía de conformidad con el pedido, una vez haya sido cargada en el buque, en el puerto de entrega convenido.**
- **Asumir todos los gastos desde el embarque hasta que la mercancía llegue a sus almacenes, salvo el importe del flete, y los derechos, impuestos y otras cargas y trámites aduaneros para la importación de la mercancía.**
- **Aceptar el documento de transporte si ha sido emitido de acuerdo con las condiciones del contrato de compraventa.**
- **Pagar, salvo otro acuerdo, los gastos de la inspección previa al embarque.**
- **Contratar y pagar el seguro de transporte si lo estima necesario, ya que los riesgos son por su cuenta desde que se realiza el embarque.**
- **Recoger la mercancía al transportista (cuando se haya producido la entrega), en el puerto de destino. Es responsable de la manipulación y descarga.**
- **Realizar el transporte final de la mercancía, desde el puerto de destino hasta sus instalaciones.**
- **Pagar los bienes y servicios adquiridos según lo acordado en el contrato de compraventa.**

2. Obligaciones del vendedor.

- **Obtener cualquier licencia de exportación u otra autorización oficial que se precise.**
- **Realizar las formalidades aduaneras (despacho aduanero) para la exportación de la mercancía.**

- **Envasar, empaquetar y embalar la mercancía para protegerla durante el transporte hasta su destino.**
- **Verificar, marcar y realizar las inspecciones preembarque de la mercancía que resulten obligatorias en su país (del exportador).**
- **Transportar la mercancía desde sus instalaciones hasta el lugar de carga en el puerto de embarque convenido.**
- **Pagar los gastos en que incurra la mercancía, incluidos aranceles e impuestos de exportación si los hubiera, hasta que la mercancía está a bordo del buque.**
- **Contratar y pagar el flete principal por el transporte de la mercancía hasta el puerto de destino designado, en un buque del tipo empleado para transportar la mercancía descrita en el contrato.**
- **Asumir los riesgos de pérdida o daño de la mercancía hasta que sobrepasa la borda del buque en el puerto de embarque.**
- **Entregar la mercancía a bordo del buque, en el puerto de embarque, en la fecha o dentro del plazo estipulado, despachada de exportación en la aduana.**
- **Es responsable de la manipulación y carga de la mercancía a bordo del buque designado, pero no está obligado a la descarga en destino.**
- **Notificar al comprador la entrega de la mercancía a bordo del buque acordado.**
- **Entregar al comprador la documentación original, física o electrónica, conocimiento de embarque, lista de contenido, factura, etc., para que disponga de la mercancía en el puerto de destino.**

3. Documentación mínima a aportar por el vendedor.

- **Factura comercial.**
- **Lista de contenido, si la expedición está compuesta por más de un bulto.**
- **Otros documentos dependiendo de las características del producto:**
  - **Certificado Sanitario.**
  - **Certificado de Pesos.**
  - **Certificado de Origen.**
  - **Documento de transporte marítimo.**

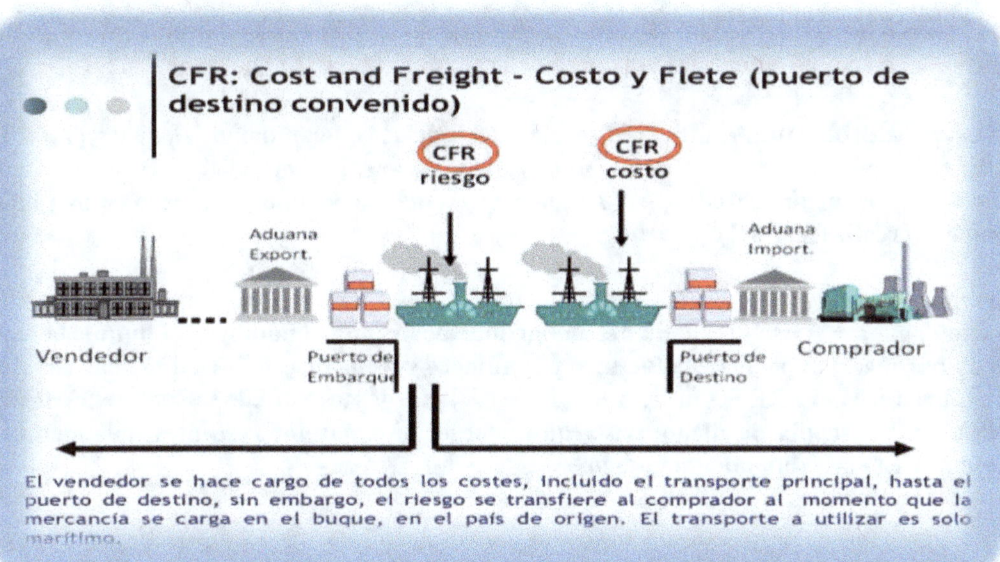
CFR: Cost and Freight - Costo y Flete (puerto de destino convenido)
CFR riesgo
CFR costo
Aduana Export.
Aduana Import.
Vendedor
Puerto de Embarque
Puerto de Destino
Comprador
El vendedor se hace cargo de todos los costes, incluido el transporte principal, hasta el puerto de destino, sin embargo, el riesgo se transfiere al comprador al momento que la mercancía se carga en el buque, en el país de origen. El transporte a utilizar es solo marítimo.

Es aconsejable indicar en la factura y/o el contrato: CFR + lugar de entrega + Incoterms2020.

CFR es útil para los exportadores que quieren controlar los gastos, con la ventaja de la transmisión del riesgo en el país de origen, siempre y cuando el pago y el medio de hacerlo se haya acordado convenientemente.

Es un Incoterm® arriesgado para el importador, ya que no sabe que naviera o aerolínea contratará el vendedor, y aun así asume los riesgos.

Conviene que el importador contrate un seguro de transporte, que puede quedar cubierto de principio a fin en una única póliza, o se pueden contratar dos pólizas separadas, para que el comprador y el vendedor se hagan cargo de sus respectivas partes del trayecto.

Formulaciones CFR	Gastos	Riesgos
Embalaje	V	V
Antes de la entrega de la mercancía al transportista	V	V
Aduana exportación	V	V
Carga transporte principal	V	V
Transporte principal	V	C
Seguro transporte	C	C
Descarga transporte principal	C	C
Aduana importación	C	C
Al finalizar la ruta	C	C

No es aconsejable CFR cuando la mercancía viaja en contenedor, suele entregarse en una terminal, el término comercial apropiado en este caso es CPT – Carriage Paid To -.

Aviso de Embarque. **En los créditos documentarios con condiciones de entrega CPT y CFR, cuando el comprador (importador) quiere asegurar la mercancía, es habitual que solicite un documento acreditativo de que el exportador ha comunicado a la compañía de seguros la realización del embarque.**

Ejemplo del párrafo en un L/C (crédito documentario) solicitando dicho documento (aviso de embarque): + Aviso detallado del embarque, mostrando el nombre del buque, la fecha del embarque, el importe de la factura, y el número y fecha de este L/C, que debe enviarse por courier a MAPFRE Seguros, Avenida de los Insurgentes Sur 2453, Ciudad de México, México, y una copia de dicho aviso, que debe acompañar los restantes documentos a presentar en el crédito documentario.

Variantes CFR apostilladas.

- **CFR FO (Free Out): no se descarga ni se desestiba.**
- **CFR "landed": el vendedor corre con los gastos de transporte, desestiba y descarga.**

► CIF (Cost, Insurance and Freight /coste, seguro y flete) ... en puerto de destino convenido. **El vendedor entrega la mercancía cuando sobrepasa la borda del buque que realizará el transporte, en el puerto de embarque convenido.**

El riesgo se transmite al comprador cuando la mercancía está a bordo.

El coste del despacho en el puerto de carga, del flete marítimo, de los aranceles de exportación y del seguro de transporte corren por cuenta del vendedor.

En la estiba CIF, el amarre y aseguramiento en el buque suelen ser por cuenta del vendedor pues, aunque se producen después de que los bienes se entregan en el buque, los contratos de transporte con los vendedores suelen incluir estas acciones.

Este término difiere de CFR en la obligación adicional del vendedor de proporcionar al comprador un seguro marítimo contra el riesgo de pérdida o de daños de las mercancías.

Exportador:

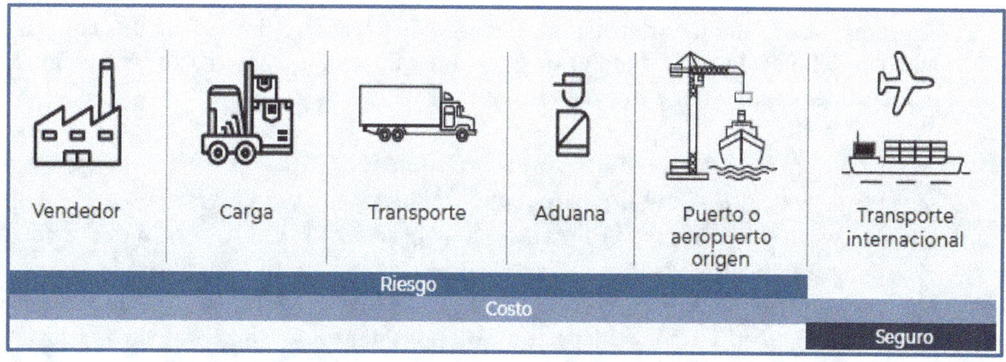

La transferencia de la asunción de riesgos (en el puerto de embarque) y de los costes (en el puerto de destino), del exportador al comprador extranjero, es en diferentes lugares.

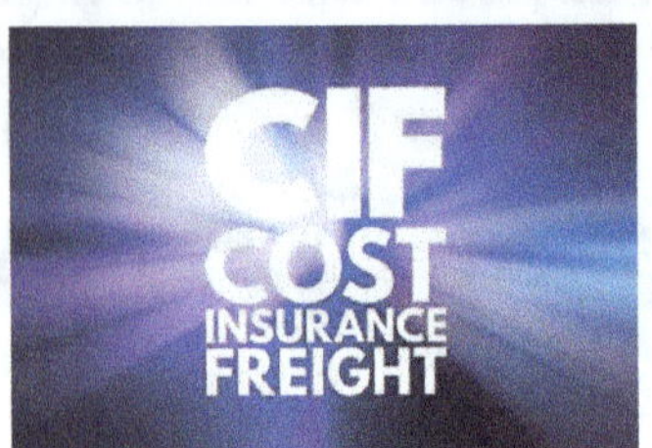

Se utiliza cuando el transporte de la mercancía se realiza por barco (mar o vías fluviales de navegación interior).

Vendedor y comprador acuerdan:

- El lugar de entrega en el que se transmiten los riesgos al comprador, el puerto de origen .
- El lugar de destino designado hasta el que el vendedor debe de pagar el transporte, y el seguro de las mercancías a favor del comprador.

Es conveniente especificar en el contrato el punto de entrega dentro del puerto de destino convenido, ya que el exportador asume los costes hasta ese punto.

- Los cargos de manejo en el puerto de destino, y los de despacho de importación y aranceles si los hay, son por cuenta del comprador / destinatario / importador.

- El exportador podría tener que satisfacer los costes de descarga de la mercancía en el puerto de destino si lo recoge así el contrato de transporte formalizado, conviene que lo revise.

El vendedor facilita al comprador un seguro de transporte marítimo cubriendo el riesgo por pérdida o daño de la mercancía durante el transporte. Suele exigirse conforme a las garantías mínimas estipuladas en las cláusulas del Institute of London Underwriters.

Los compradores aprecian este Incoterm® porque se liberan de las formalidades logísticas.

El comprador / importador asume el riesgo de pérdida o daño de la mercancía y cualquier coste adicional después de la entrega, si bien obtiene un seguro sobre las mercancías que contrata el exportador / proveedor.

1. **Tipo de transporte:** Por mar exclusivamente.
2. **Tipo de carga:** Cualquier tipo, operaciones de carga en general.
3. **Transporte y Seguro:** El transporte y el seguro son por cuenta del vendedor.
4. **Transmisión de riesgos:** Pasa al comprador cuando la mercancía traspasa la borda del buque de embarque.
5. **Gastos y seguro de transporte:** Son por cuenta del vendedor hasta que la mercancía llega al puerto de destino.
6. **Formalidades aduaneras importación:** Comprador.
7. **Formalidades aduaneras exportación:** Vendedor.

1. Obligaciones del comprador.

- **Recibir la mercancía de conformidad, una vez ha sido cargada en el buque.**
- **Realizar los trámites para la importación de la mercancía.**
- **Asumir los riesgos de pérdida o daño de la mercancía desde que sobrepasa la borda del buque en el puerto de embarque.**

- **Si solicita al exportador un seguro complementario al ya contratado por dicho exportador, pagar los gastos de la cobertura adicional.**
- **Pagar los gastos relacionados con el tránsito (distintos del flete y el seguro) desde que la mercancía está a bordo del buque, los de descarga en el puerto de destino y otros gastos hasta que la mercancía llegue a sus almacenes.**
- **Aceptar el documento de transporte suministrado por el exportador, siempre que haya sido emitido de acuerdo con las condiciones del contrato de compraventa.**
- **Pagar los derechos arancelarios, impuestos de importación y otras cargas oficiales, en el país de destino.**
- **Realizar el transporte final de la mercancía desde el puerto de destino hasta sus instalaciones.**
- **Pagar los bienes y servicios adquiridos, según lo acordado en el contrato.**

2. Obligaciones del vendedor.

- **Obtener la licencia de exportación o documento análogo si fuera necesario, y realizar los trámites aduaneros para la exportación de la mercancía.**
- **Realizar el envasado, empaquetado y embalaje adecuado de la mercancía para protegerla durante el transporte.**
- **Pagar los gastos en que incurra la mercancía, incluidos aranceles e impuestos de exportación si los hay, hasta que la mercancía se embarca en el buque.**
- **Verificar, embalar, marcar y realizar las inspecciones preembarque de la mercancía que sean obligatorias en su país (del exportador).**
- **Transportar la mercancía desde sus instalaciones hasta el lugar de carga en el puerto de embarque convenido.**
- **Entregar la mercancía a bordo del buque, en el puerto de embarque, en la fecha convenida o dentro del plazo estipulado.**
- **Notificar al comprador la entrega de la mercancía a bordo del buque.**
- **Contratar y pagar el flete internacional.**
- **Contratar un seguro de transporte a favor del comprador hasta el puerto de destino, con cobertura del 110% del precio de la mercancía ((cobertura mínima ICC (C), en la moneda del contrato.**
- **Entregar al comprador la documentación, física o electrónica, documentos de transporte, póliza de seguro, lista de contenido, factura, etc., para que disponga de la mercancía en el puerto de destino.**
- **La entrega de la documentación se suele realizar acorde con las condiciones y medios de pago acordadas.**

3. Documentación mínima a aportar por el vendedor.

- **Factura comercial.**
- **Lista de contenido.**
- **Certificado Sanitario, de Pesos y/o CITES o cualquier otro que sea necesario.**
- **Documento de transporte marítimo.**
- **Póliza o certificado de seguro a favor del comprador.**

Es aconsejable indicar en la factura y/o el contrato: CIF + lugar de entrega + Incoterms2020.

Para mercancías que se transportan en contenedores o que se ponen en poder del porteador antes de estar a bordo del buque, en lugar de CIF es preferible utilizar el término CIP.

- **Cif para mercancías en contenedores no es recomendable y, sin embargo, se utiliza habitualmente.**
- **En Cif se considera como entrega del contenedor cuando está a bordo del buque, y con ello se transmiten los riesgos al comprador.**
- **Cif se utiliza para transporte marítimo, puerto a puerto, mientras que CIP se puede utilizar con cualquier medio de transporte, sea marítimo, aéreo, carretera, ferrocarril o multimodal.**
- **Con Cif el exportador entrega las mercancías a bordo del buque en el puerto de embarque, con Cip el exportador entrega las mercancías al transportista u otra persona indicada en un lugar acordado.**

El seguro de transporte en CIF.

CIF: La obligación de cobertura del seguro sobre las mercancías por el vendedor es contratarlo para el transporte internacional marítimo, es decir, no tiene que asegurar la mercancía para el resto del transporte.

- **La obligación es asegurar la mercancía con una cobertura mínima, si el importador desea ampliarla, debe de asumir los costes adicionales.**
- **El importador debe considerar la posibilidad de asegurar factores de riesgo no asegurados hasta la desestiba en el puerto de destino.**
- **El exportador no está obligado a asegurar los riesgos desde el puerto de destino hasta los almacenes del comprador.**
- **El importador debe considera la posibilidad de solicitar al exportador que asegure los riesgos desde el puerto de destino hasta sus almacenes.**

Es recomendable contratar un seguro de cobertura puerta a puerta que cubra todos los riesgos, mejor que una cobertura básica de puerto a puerto.

CIP: El riesgo de pérdida o daño de la mercancía se transfiere por el exportador al importador en el lugar / punto de entrega de acordado.

Aunque en la práctica el Incoterm® CIP no se utiliza habitualmente para el transporte marítimo no contenedorizado, su uso es posible en otros tipos de envíos y puede ser la solución si se desea una mayor cobertura de seguro por parte del exportador.

Este Incoterm es muy utilizado en el comercio internacional debido a que el precio CIF se suele aplicar para determinar el valor en aduana del producto que se importa.

Formulaciones CIF	Gastos	Riesgos
Embalaje	V	V
Antes de la entrega de la mercancía al transportista	V	V
Aduana exportación	V	V
Carga transporte principal	V	V/C
Transporte principal	V	C
Seguro transporte	V	C
Descarga transporte principal	C	C
Aduana importación	C	C
Al finalizar la ruta	C	C

V: Vendedor C: Comprador

Las reglas de Incoterms® 2020 dejan claro que la transferencia del riesgo del vendedor al comprador se produce en el punto de entrega convenido, por ello y salvo dictamen jurídico diferente para un determinado caso, los riesgos en el término CIF son del vendedor hasta que el contenedor se carga en el buque.

* La flecha indica el momento de entrega de la mercancía por el vendedor.

Variantes CIF apostilladas.

- **CIF FO (Free Out). No incluye la descarga ni desestiba en el puerto de destino.**
- **CIF landed. Incluye la descarga en el puerto de destino (gasto de transporte + seguro + descarga + desestiba).**
- **CIF maximum cover. Seguro todo riesgo por el 110% del valor CIF + cláusula de guerra + cláusula de huelgas.**

CIF es muy utilizado en el comercio marítimo, pues muchos compradores prefieren transferir la responsabilidad del flete principal y el seguro al vendedor. Si es usted el comprador tenga en cuenta:

- **Se obtiene una cobertura de seguro básica, si le es suficiente por las características y tránsito marítimo, estupendo.**
- **La cobertura de seguro básica en CIF es la cláusula ICC C: Cubre incendios, explosiones, colisiones, abordajes, vuelcos, descarrilamientos, sacrificio en avería gruesa y eventuales contribuciones, arrastre por las olas, gastos de salvamento.**
- **El comprador puede solicitar una cobertura mayor acordándolo expresamente en el contrato de compraventa o contratando un seguro adicional por su cuenta.**
  - ✓ **ICC "A". Cubre todo riesgo de pérdida o daño, salvo exclusiones. Se excluye falsedad o actuación fraudulenta del asegurado, pérdidas de peso o volumen normales, desgaste, embalaje y acondicionamiento inadecuados, vicio propio, demoras, insolvencias, radioactividad, guerra y huelgas (éstos dos últimos riesgos deben cubrirse aparte).**
  - ✓ **ICC "B". Cubre incendios, explosiones, colisiones, abordajes, vuelcos, descarrilamientos, sacrificio en avería gruesa y eventuales contribuciones, mojaduras por agua de mar, río o lago, arrastre por las olas, pérdida de bultos durante la carga/descarga, daños causados por terremotos y erupciones volcánicas, gastos de salvamento. Se excluye lo mismo que en la ICC "A".**
- **Es un término apropiado cuando la mercancía es a granel o sin empaque, que se manipulan en los puertos de carga y descarga.**
- **Este término Incoterms no es conveniente aplicarlo cuando la mercancía se envía contenedorizada, aunque se utiliza habitualmente.**

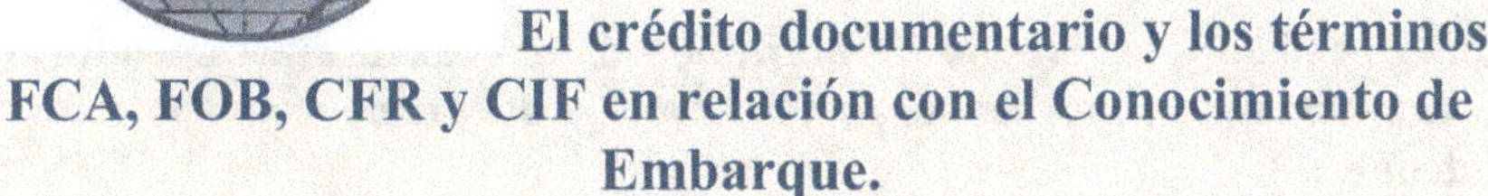

El crédito documentario y los términos FCA, FOB, CFR y CIF en relación con el Conocimiento de Embarque.

Aun cuando en FCA la entrega se realiza en la terminal del puerto de embarque (en transporte marítimo) y en FOB en el buque, es habitual que comprador y vendedor acuerden la entrega al vendedor por la naviera del conocimiento de embarque marítimo (un ejemplar o el juego completo), principalmente si el medio de pago es un crédito documentario.

Hay especialistas que desaconsejan utilizar FCA y FOB cuando el medio de pago es un crédito documentario y debe de presentarse un conocimiento de embarque en su utilización, apuestan por los términos CFR y CIF como más seguros.

Cierto lo dicho por algunos especialistas desde la experiencia del autor, pero es habitual que FCA y FOB se utilicen en los créditos documentarios, cuando el exportador no quiere asumir la contratación y /o pago del flete (CFR) o del flete y seguro (CIF).

Hay exportadores que no quieren asumir la contratación del transporte principal y el seguro de las mercancías y, cuando en FCA y FOB el comprador delega en el vendedor la contratación del transporte principal, lo habitual es que lo contrate a porte debido.

► **CPT (Carriage Paid to /Transporte pagado hasta) ... lugar de destino convenido.** **El vendedor contrata el transporte y paga los gastos, incluyendo los relacionados con el despacho de exportación, hasta llegar la mercancía al lugar de destino convenido.**

Exportador:

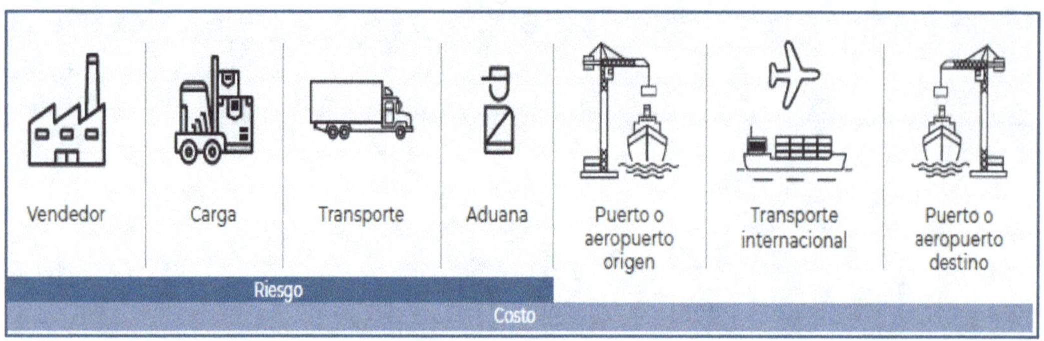

La entrega se realiza, y los riesgos de pérdida o daños pasan al comprador, en el lugar acordado, cuando las mercancías pasan a la custodia del primer transportista contratado por el vendedor.

- **Permite al exportador el control de los costes, de la mercancía y de su destino, y del cumplimiento de los plazos.**
- **El exportador tiene que pagar el transporte hasta el destino designado, pero el riesgo se transmite en origen.**
- **No hay obligación por ninguna de las partes en asegurar la mercancía, sin bien conviene que la asegure el comprador, o que lo haga el exportador repercutiendo su coste a su cliente.**

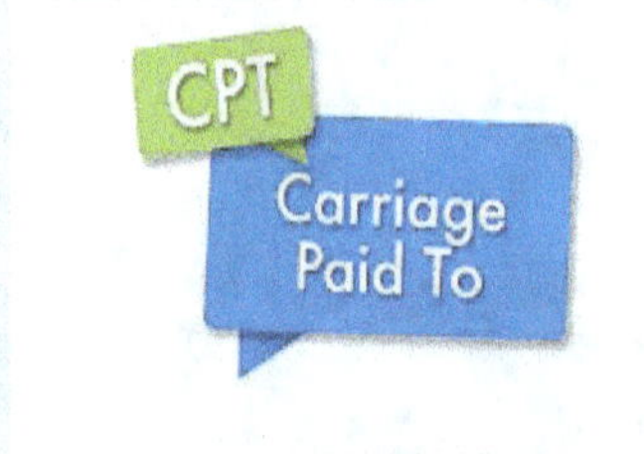

- **Es un término polivalente que se puede utilizar en transporte marítimo, aéreo y terrestre, incluido el transporte multimodal.**

- **En mercancías que se transportan en contenedores marítimos, CPT es el término más utilizado, ya que la entrega se realiza en la terminal portuaria de destino.**

En CPT el transportista es la persona que, con un contrato de transporte, se compromete a enviar la mercancía hasta el lugar de destino convenido, por tren, carretera, aire, mar, vías fluviales, o una combinación de varios de ellos.

El vendedor y comprador deben acordar el lugar de entrega en el que se transmiten los riesgos al comprador, y el lugar de destino designado hasta el que el vendedor debe de pagar el transporte.

Cuando el lugar de entrega de la mercancía no coincide con el lugar de destino, es conveniente especificar ambos lugares en el contrato de compraventa, para que importador y exportador sepan que costes debe asumir cada uno y cuando se produce la transmisión de riesgos.

El comprador asume los riesgos de pérdida o daño de la mercancía, y cualquier coste, desde que la mercancía ha sido entregada al primer transportista.

CPT. La transferencia de riesgos al comprador se produce después de cargar la mercancía en origen, aunque el vendedor paga el transporte hasta el lugar de destino convenido.

- **Los riesgos y obligaciones son del comprador una vez que la mercancía llega al aeropuerto, puerto o al lugar de origen (el lugar de entrega).**
- **El vendedor coordina la cadena logística, escoge los transportistas y paga los gastos hasta el lugar de entrega convenido.**

Si se utilizan transportistas sucesivos en el transporte hasta el destino convenido, el riesgo del vendedor se transmite al comprador cuando la mercancía se entrega al primer porteador.

1. **Tipo de transporte: Cualquier medio, incluido el multimodal en contenedores.**
2. **Tipo de carga: Cualquier tipo, operaciones de carga general, incluso el grupaje.**
3. **Transporte y Seguro: El transporte es por cuenta del vendedor. No hay obligación de seguro, si bien lo normal es que el comprador lo contrate.**
4. **Transmisión de riesgos: Pasan al comprador cuando la mercancía se entrega al primer transportista.**
5. **Gastos y seguro de transporte: Gastos por cuenta del vendedor hasta el embarque, más el transporte hasta el lugar de destino convenido y la descarga. El seguro, si se contrata, es por cuenta del comprador.**
6. **Formalidades aduaneras importación: Comprador.**
7. **Formalidades aduaneras exportación: Vendedor.**

En CPT hay transferencia de riesgos
y
gastos en lugares distintos.

Es recomendable que las partes identifiquen en el contrato el **lugar de entrega,** donde el riesgo se transmite al comprador, y **el lugar de destino,** hasta donde el vendedor debe contratar el transporte.

1. Obligaciones del comprador.

- Recibir la mercancía de conformidad, una vez haya sido cargada en el medio de transporte.
- Conseguir la licencia de importación o autorización oficial cuando se necesita para realizar los trámites aduaneros para la importación.
- Asumir los riesgos de pérdida o daño de la mercancía desde el momento en que se entrega al primer transportista, incluso en el país de origen.
- Asumir todos los gastos desde el embarque hasta que la mercancía llegue a sus almacenes, salvo el importe del flete internacional, incluyendo los derechos de aduana e impuestos de importación y otras cargas oficiales.
- Es responsable de la descarga de la mercancía en el país de destino.
- Asumir los gastos de descarga si no están incorporados en el precio del transporte.
- Contratar un seguro para el transporte principal si lo estima necesario, ya que los riesgos son por su cuenta desde el lugar de entrega.
- Realizar el transporte final de la mercancía, desde el lugar de destino hasta sus instalaciones.
- Pagar los bienes y servicios adquiridos, según lo acordado con el vendedor.

2. Obligaciones Vendedor.

- Obtener la licencia de exportación o documento similar si es necesaria, y realizar los trámites aduaneros para la exportación de la mercancía.
- Pagar los gastos de los trámites aduaneros de exportación, derechos, impuestos y otras cargas oficiales.
- Envasar, empaquetar y embalar adecuadamente la mercancía para protegerla durante el transporte hasta su llegada a destino.
- Verificar, marcar y realizar las inspecciones preembarque establecidas por las autoridades de su país (del exportador).
- Contratar el transporte de la mercancía hasta el punto convenido. Si no se ha acordado ningún punto puede elegir el lugar de destino.
- Transportar la mercancía desde sus instalaciones hasta el lugar de carga, si la entrega no se realiza en sus instalaciones.
- Entregar la mercancía al transportista principal en el lugar acordado y en la fecha o dentro del plazo estipulado.
- Facilitar información al importador, por cuenta y riesgo de éste, para la contratación del seguro.
- Pagar los gastos relativos a la mercancía hasta que se entrega al transportista principal, y el flete internacional y otros gastos de cargar la mercancía, y por descargarla en destino.
- Notificar al comprador la entrega de la mercancía al transportista, y cualquier otra información necesaria para que el comprador pueda retirarla cuando llegue a destino.
- Entregar al comprador la documentación original, física o electrónica, documentos de transporte, lista de contenido, factura, etc., para que disponga de la mercancía en el puerto de destino.
- La entrega de la documentación se realiza acorde con las condiciones y medios de pago acordadas en el contrato comercial.

3. Documentación mínima a aportar por el vendedor.

- **Factura comercial.**
- **Lista de contenido cuando la expedición tiene más de un bulto.**
- **Otros documentos, como Certificado Sanitario, de Origen o Certificado CITES.**
- **Documento de transporte marítimo, o por Carretera, o Aéreo, o por Ferrocarril o multimodal FBL.**
- **Póliza o certificado de seguro cuando lo contrata el vendedor por cuenta del comprador.**

Es aconsejable indicar en la factura y/o el contrato: CPT + lugar de entrega + Incoterms2020.

CPT posibilita al vendedor el control de los costes y de la mercancía, el destino de esta última y el cumplimiento de los plazos.

Se recomienda a las partes (exportador e importador) que indiquen con precisión en el contrato el lugar de entrega en el que el riesgo pasa al comprador y el lugar de destino convenido donde el vendedor concluirá el contrato de transporte.

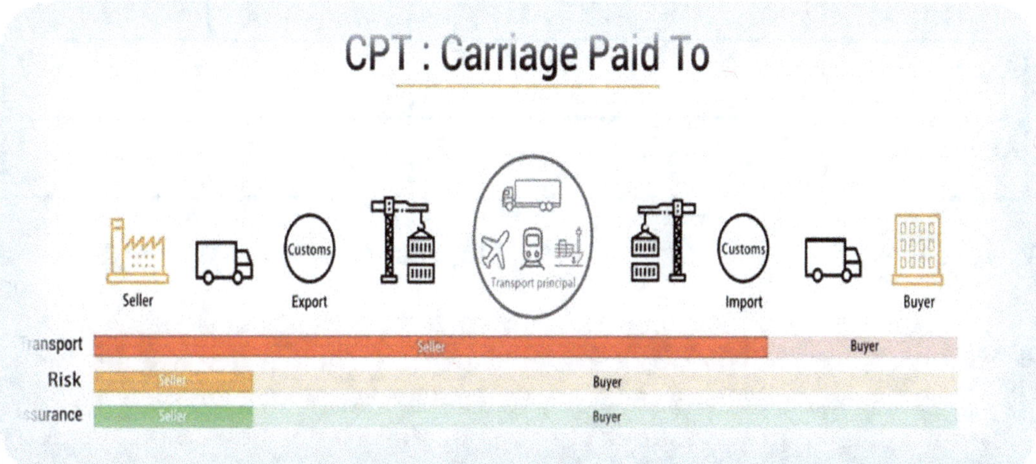

El término CPT es prácticamente gemelo de CFR, el primero admite cualquier medio de transporte, mientras que CFR es únicamente para transporte marítimo.

Con CPT los riesgos de avería o pérdida los asume el importador desde el momento en que las mercancías se entregan al primer transportista.

Se recomienda al importador que contrate una póliza de seguro para las mercancías, por si les sucede algo en el transporte internacional, ya que el vendedor no se hace responsable.

En caso de siniestro el comprador trata con la compañía de seguros y/o el transportista para conseguir el reembolso o una indemnización por los daños.

Formulaciones CPT	Gastos	Riesgos
Embalaje	V	V
Antes de la entrega de la mercancía al transportista	V	V
Aduana exportación	V	V
Carga transporte principal	V	V
Transporte principal	V	C
Seguro transporte	C	C
Descarga transporte principal	C	C
Aduana importación	C	C
Al finalizar la ruta	C	C

V: vendedor C:comprador

⚠ **Aunque se recomienda CPT en lugar de CFR para los envíos marítimos en contenedor, a menudo es inviable debido que en algunos casos el comprador no quiere asumir el riesgo de daño o pérdida de los bienes en el país exportador, cuando las mercancías todavía no se han embarcado.**

⚠ **El Incoterm 2020 CPT funciona bastante bien para el transporte terrestre pagado por el vendedor, la razón es que a menudo el camión que recoge la mercancía es el mismo que transporta los bienes hasta destino.**

Los términos CPT y CFR y el crédito documentario.

Cuando una transacción se rige por uno de estos dos Incoterms, es habitual que en el condicionado del crédito documentario se exija al exportador que presente el "Aviso de Embarque".

Cuando debe asegurar la mercancía el ordenante del crédito documentario, precisa de una serie de datos como "importe y descripción de la mercancía, fecha y puerto de embarque, puerto de destino, etc.", para suministrar a la compañía de seguros.

La exigencia del "Aviso de embarque" por el importador (ordenante del crédito documentario), tiene como fin asegurar la mercancía durante su transporte.

Ejemplo del texto en un L/C (crédito documentario) solicitando el documento acreditativo indicado en el párrafo anterior: + Aviso detallado del embarque mostrando el nombre del buque, la fecha del embarque, el importe de la factura, y el número y fecha de este L/C debe de enviarse por courier a MAPFRE Seguros Generales, Avenida de los Insurgentes Sur 2453, Ciudad de México, México, y una copia de dicho aviso debe acompañar los restantes documentos a presentar en el crédito documentario.

También es habitual que, en lugar de un aviso de embarque, se solicite en el L/c un documento acreditativo de que el exportador ha comunicado directamente a la compañía de seguros la realización del embarque.

► CIP (Carriage and Insurance Paid to / Transporte y seguro pagados hasta) ... lugar de destino convenido.

Exportador:

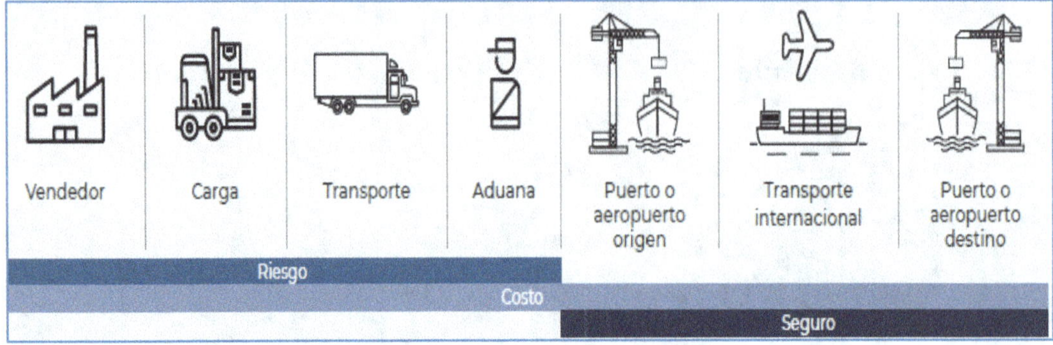

Con el término Incoterm CIP, el vendedor:

1. **Contrata y paga los gastos de transporte de la mercancía hasta el lugar de destino convenido, y contrata y paga también la prima del seguro de transporte.**
2. **Realiza la entrega de la mercancía al comprador cuando la pone a disposición del transportista designado por él mismo, despachada en la aduana de exportación, momento en el que se transfiere el riesgo de daño o pérdida de la mercancía.**
3. **Se hace cargo de todos los costes, incluyendo el transporte principal y seguro, hasta que la mercancía llega al punto acordado.**

- ▲ **La transferencia de riesgos se produce con la carga de la mercancía en origen, aunque el vendedor paga el transporte hasta el lugar de destino convenido.**
- ▲ **En transporte multimodal es muy recomendable, ya que aporta un control sobre los costes, la mercancía y su destino, y los plazos.**
- ▲ **Las partes se aseguran que la mercancía viaja con un contrato de seguro.**

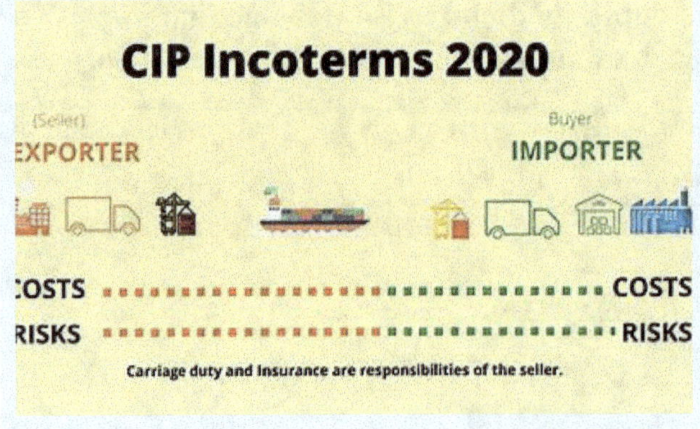

Vendedor y comprador deben precisar el lugar de entrega, en el que se transmite el riesgo al comprador, y el lugar de destino de la mercancía hasta donde el vendedor contrata el transporte.

Es un término polivalente en el que el vendedor coordina la cadena logística y despacha la mercancía en aduana para la exportación, se puede utilizar en transporte marítimo, aéreo y terrestre, incluido el transporte multimodal.

En CIP el transportista es la persona que, con un contrato de transporte, se compromete a enviar la mercancía hasta el lugar de destino convenido, por tren, carretera, aire, mar, vías fluviales, o una combinación de varios de ellos.

Si el traslado incluye la participación de varios transportistas, el riesgo del vendedor al comprador se traspasa cuando la mercancía se entrega al primero de ellos.

- El vendedor tiene las mismas obligaciones que bajo CPT y, además, contrata el seguro de transporte de la mercancía a favor del comprador.

- Al igual que en CPT los trámites aduaneros de exportación son a cargo del vendedor. Los de importación y pase por terceros países son del comprador.

El comprador asume los riesgos y paga cualquier otro coste que se produzca desde que la mercancía ha sido entregada al primer transportista.

Puede usarse con cualquier modo de transporte, incluido el transporte multimodal.

Siendo un Incoterm® multimodal, puede utilizarse en el transporte terrestre, marítimo y/o aéreo.

Aunque en la práctica el Incoterm® CIP no se suele utilizar para marítimo, su uso es posible.

1. Tipo de transporte: Cualquier medio de transporte, incluido multimodal en contenedores.
2. Tipo de carga: Cualquier tipo, operaciones de carga general.
3. Transporte y Seguro: Ambos los contrata y paga el vendedor. El beneficiario del seguro suele ser el comprador, que asume el riesgo una vez realizada la entrega.
4. Transmisión de riesgos: Pasan al comprador cuando la mercancía se entrega al transportista en el país de origen.
5. Gastos y seguro de transporte: Son por cuenta del vendedor los costes de transporte hasta el lugar de destino convenido y la prima de seguro.
6. Formalidades aduaneras importación: Comprador.
7. Formalidades aduaneras exportación: Vendedor.

1. Obligaciones del comprador.

   - Conseguir la licencia de importación y cualquier otra autorización oficial que se precise.
   - Realizar los trámites aduaneros para la importación de la mercancía.
   - Pagar los gastos de la inspección previa al embarque, excepto si se realiza por orden de las autoridades del país exportador.

- **Suministrar al exportador (a petición de éste) información para que adquiera, si es el caso, un seguro complementario al ya contratado.**
- **Pagar los aranceles, tasas e impuestos de importación.**
- **Recibir la mercancía de conformidad con el pedido, una vez ha sido cargada en el transporte principal.**
- **Asumir todos los gastos desde que la mercancía ha sido cargada hasta que llegue a sus almacenes, salvo el importe del flete y el seguro.**
- **Aceptar y descargar la mercancía cuando se la entrega el transportista en el lugar de destino acordado, pagando los gastos de descarga.**
- **Asumir los riesgos relacionados con la mercancía desde que se entrega al transportista en el país de origen.**
- **Pagar los bienes y servicios adquiridos según lo acordado.**

2. Obligaciones del vendedor.

- **Obtener las licencias / autorizaciones necesarias para exportar, realizar los trámites aduaneros para la exportación de la mercancía y pagar los aranceles e impuestos de exportación si los hay.**
- **Envasar, empacar y embalar adecuadamente la mercancía para protegerla durante el transporte hasta su destino final.**
- **Verificar, marcar y realizar las inspecciones preembarque establecidas como obligatorias por las autoridades de su país (del exportador).**
- **Contratar y pagar el transporte de la mercancía desde el lugar /punto de entrega hasta el punto de destino convenido.**
- **Contratar y pagar un seguro de transporte, de cobertura mínima (cláusula A) del London Institute), a todo riesgo, por el 110% del valor CIP de la mercancía, salvo otro acuerdo, del que sea beneficiario el comprador.**
- **Transportar la mercancía desde sus instalaciones hasta el lugar de carga para el transporte internacional, si no se realiza en sus instalaciones.**
- **Entregar la mercancía al transportista que realiza el transporte internacional o al primer transportista, en la fecha acordada o dentro del plazo estipulado.**
- **Notificar al comprador la entrega de la mercancía al transportista.**
- **Pagar los gastos y asumir los riesgos de pérdida o daño de la mercancía hasta que se entrega al transportista.**
- **Entregar al comprador la documentación original, física o electrónica, documento de transporte, lista de contenido, factura, póliza de seguro, etc., para que disponga de la mercancía en el punto de destino.**
- **La entrega de la documentación la realiza acorde con las condiciones y medios de pago acordadas.**

3. Documentación mínima a aportar por el vendedor.

- **Factura comercial.**
- **Lista de contenido si la mercancía está compuesta por más de un bulto.**
- **Otros documentos, como los certificados Sanitario, de Origen, de Calidad, etc.**
- **Documento de transporte marítimo Bill of Lading, o por Carretera CMR, o Aéreo AWB, o por Ferrocarril CIM o multimodal FBL.**
- **Póliza o certificado de seguro a favor del comprador.**

La regla CIP en los Incoterms® 2020 indica que el vendedor está obligado a obtener una cobertura de seguro de conformidad con las Cláusulas A de las Institute Cargo Clauses o de cualquier otra serie de cláusulas similares:

- Las citadas Cláusulas A son una "cobertura amplia", dónde el beneficiario goza de un mayor respaldo de la aseguradora ante una avería durante el transporte internacional.
- Las partes son libres para acordar un seguro con un nivel de cobertura inferior o superior. La cobertura conviene que sea lo más amplia posible.
- Si el comprador desea una cobertura más amplia de la acordada con el vendedor, puede contratar un seguro complementario.
- El seguro a beneficio del comprador se contrata desde el puerto /aeropuerto /lugar de entrega de origen hasta el puerto/aeropuerto/lugar de destino.
- Los riesgos de daños o pérdida los asume el comprador desde el momento en que las mercancías se entregan al primer transportista.

Formulaciones CIP	Gastos	Riesgos
Embalaje	V	V
Antes de la entrega de la mercancía al transportista	V	V
Aduana exportación	V	V
Carga en el transporte principal	V	V
Transporte principal	V	C
Seguro transporte	V	C
Descarga del transporte principal	C	C
Aduana importación	C	C
Al finalizar la ruta	C	C

C: Comprador V: Vendedor

3.4 Grupo D - de llegada.

Términos de llegada. Tienen en común que la entrega de la mercancía por el vendedor / exportador se produce en el lugar de destino (con nombre); y además soporta los costes y riesgos hasta ese lugar de destino en el país del comprador.

Los Incoterms 2020 tienen en cuenta, respecto al Grupo D, que el vendedor puede realizar el transporte por cuenta propia en lugar de utilizar a un tercero. Cómo llega la mercancía al lugar de destino, qué puerto de origen o lugar dejó y cuándo se fue son todos irrelevantes.

Incluso el modo de transporte es enteramente a la elección del vendedor, siempre y cuando las mercancías se pongan a disposición del comprador no descargadas (DAP y DDP) o descargadas (DPU) en el destino designado.

Cada una de las tres reglas requiere la entrega por el vendedor en un lugar de destino, que puede ser un puerto marítimo, una terminal de contenedores, una estación de carga de contenedores, un almacén de una aerolínea, un depósito de camiones, una terminal ferroviaria o un destino nombrado por el comprador (sus instalaciones u otro lugar).

- **Incluso el modo de transporte es elección del vendedor, siempre que las mercancías se pongan a disposición del comprador no descargadas (DAP y DDP), o**
- **Descargadas (DPU) en el destino convenido.**
- **Solo después de la entrega, un vendedor generalmente tiene derecho al pago de los bienes.**

Con las reglas D, el vendedor asume el riesgo de tránsito y, en caso de siniestro o demoras no previstas, se puede poner en peligro el cumplimiento del contrato de venta.

Se recomienda al vendedor que asegure la mercancía cuando utiliza los términos "D", debido a que corre con los riesgos de siniestro de la mercancía hasta destino.

Si el vendedor no puede entregar los bienes en la fecha o dentro del período acordado, puede estar incumpliendo el contrato de venta, que puede incluir indemnizaciones por daños y perjuicios.

Los términos comerciales que empiezan por la letra D no se recomiendan cuando el país de destino tiene infraestructuras deficientes que pueden llevar a asumir gastos adicionales y a riesgos no controlados.

En el caso indicado en el párrafo anterior son más aconsejables CIP (multimodal) y CIF (marítimo), donde el riesgo se transmite en el embarque (en el país de origen) y el vendedor contrata un seguro que cubre los riesgos en que pueden incurrir las mercancías durante el trayecto.

Incoterms® 2020 da la posibilidad a los proveedores de que, con los términos DAP, DPU y DDP, hagan uso de sus propios medios de transporte, sin necesidad de subcontratar a un tercero.

Las reglas D funcionan más cómodamente cuando el pago cordado es previo al envío o con cuenta abierta (hay confianza entre el vendedor y el comprador).

Las reglas D y las remesas documentarias Y créditos documentarios.

Las reglas D son de difícil aplicación cuando el medio de pago es una remesa documentaria o un crédito documentario, dado que el vendedor solamente está obligado a entregar la mercancía en el lugar de destino indicado, sin especificar los medios de transporte a utilizar.

Las reglas D están en desacuerdo con el L/C (crédito documentario) tradicional, que requiere de un puerto de envío y otro de destino, y una última fecha de envío o embarque.

Dado que las remesa documentaria y el crédito documentario requieren el envío de documentos comerciales, como conocimiento de embarque y otros, conviene que cuando se utiliza un Incoterm "D", entre comprador y vendedor se haya acordado en el contrato el puerto de envío y el de destino, así como la fecha máxima de embarque.

- Cuando el lugar de destino es una terminal y el comprador recoge allí las mercancías, debe requerirse un documento de transporte con destinatario /notifique al comprador.
- Cuando el lugar de destino está más allá de la terminal, el transportista del vendedor se hace con las mercancías en la terminal, en cuyo caso conviene que el crédito documentario requiera un documento de transporte multimodal.

► DAP - Delivered At Place (Entrega en lugar, de destino convenido).

Exportador:

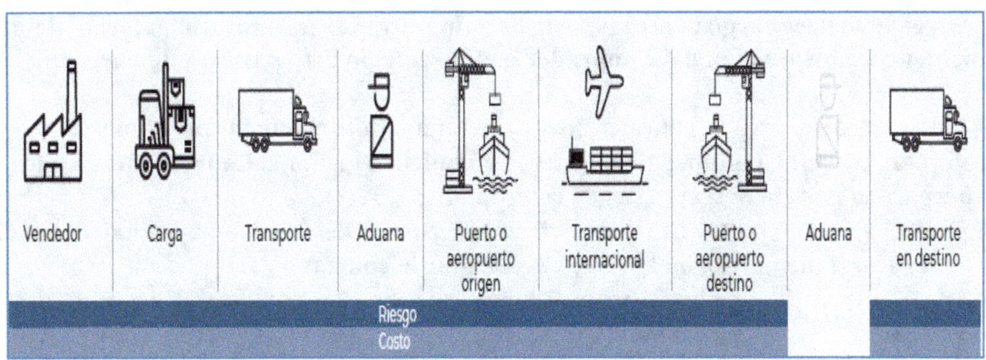

El vendedor cumple su obligación cuando pone la mercancía a disposición del comprador en el medio de transporte de llegada, preparada para su descarga en el lugar de destino convenido.

- **Es adecuado en ventas internacionales con transporte terrestre en camión completo puerta a puerta.**
- **Es adecuado en grupajes con transporte terrestre, dado que el vendedor carga la mercancía en origen con sus medios y el comprador la descarga en destino también con sus medios.**
- **En mercancías transportadas en contenedores marítimos, DAP es muy utilizado con entrega en la terminal portuaria de destino, lo que simplifica los trámites al vendedor.**

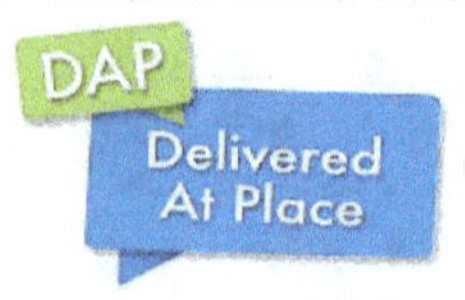

El lugar de entrega son las instalaciones del comprador, su fábrica o almacén, o en un punto en el país de destino designado.

Es importante precisar con el máximo detalle el punto de entrega de la mercancía, el lugar de destino acordado, dado que el exportador asume los riesgos de llevar la mercancía hasta dicho punto.

- **DAP Hamburgo: No es correcto.**
- **DAP Hamburgo Port (Incoterms 2020): Es correcto.**
- **DAP Hamburgo Airport-Fuhlsbüttel (HAM) (Incoterms 2020): Es correcto.**
- **DAP 100 Colonnaden, Hamburgo (Incoterms 2020): Es correcto.**

Cuando la mercancía llega al país de destino, en barco o avión, el vendedor se encarga también de la entrega terrestre (por ferrocarril y/o carretera, por ejemplo) de la carga, hasta un lugar de destino acordado con el comprador.

No se recomienda para ventas en países con infraestructuras de transporte y telecomunicaciones poco desarrolladas, donde se pueden sufrir contratiempos, con gastos difíciles de controlar.

Si las ventas son a Estados Unidos, donde las navieras tienen tarificados los destinos interiores, utilizar DAP no suele ser más problemático que hacerlo mediante CIP o CPT.

El vendedor se hace cargo del transporte principal y del seguro (no obligatorio), dejando la mercancía a disposición del comprador en un vehículo listo para ser descargado.

1. **Tipo de transporte: Cualquier medio, incluido multimodal en contenedores.**
2. **Tipo de carga: Cualquier tipo, general, completa o grupaje. La mercancía se entrega preparada para la descarga por el comprador.**
3. **Transporte y Seguro: El transporte es por cuenta del vendedor. No hay obligación de seguro, si bien lo normal es que el vendedor lo contrate.**
4. **Transmisión de riesgos: El vendedor asume los riesgos hasta el lugar de destino convenido.**

5. **Gastos y seguro de transporte:** Son por cuenta del vendedor hasta el puerto de destino, excepto la descarga.
6. **Formalidades aduaneras importación:** Comprador.
7. **Formalidades aduaneras exportación:** Vendedor.

El Incoterm DAP se utiliza para todo tipo de transportes, y en el transporte combinado.

1. Obligaciones del Comprador.

- Conseguir la licencia de importación o autorización oficial si se necesita, y realizar los trámites aduaneros de importación.
- Cuando tiene el derecho a determinar la fecha de entrega en un plazo estipulado y/o el lugar de recepción de la entrega, dar al vendedor aviso con tiempo suficiente.
- Avisar al exportador del momento y el punto de recogida de la mercancía en el lugar de destino, de forma oportuna y cuando proceda determinarlos.
- Tomar posesión de la mercancía recibida en conformidad con el pedido, cuando se pone a su disposición en el lugar de entrega convenido.
- Descargar la mercancía en el lugar de destino convenido por sus propios medios.
- Realizar el transporte final de la mercancía desde el lugar de entrega hasta sus instalaciones, si ambos no son el mismo lugar.
- Asumir los riesgos de pérdida o daño de la mercancía desde que el vendedor la pone a su disposición.
- Soportar los gastos de demora (ocupación, muellaje, almacenaje) que se generen durante los tramos de despacho aduanero de importación.
- Pagar los costes desde que se le entrega la mercancía y realiza los trámites aduaneros de importación.
- Pagar el precio de los bienes y servicios adquiridos, según lo dispuesto en el contrato de compraventa.

2. Obligaciones del Vendedor.

- Obtener las licencias / autorizaciones necesarias para exportar y transportar la mercancía.
- Realizar el envasado, empaquetado y embalaje adecuado de la mercancía para protegerla durante el transporte.
- Verificar, marcar y realizar las inspecciones preembarque establecidas como obligatorias por las autoridades de su país (del exportador).
- Realizar los trámites aduaneros para exportar.
- Contratar el transporte de la mercancía por una ruta usual y en la forma acostumbrada.
- Asumir el riesgo de pérdida o daño de la mercancía hasta que ha sido entregada.
- Suministrar la mercancía y la factura comercial de conformidad con el contrato de compraventa.
- Asumir los costes del transporte principal y el seguro de transporte (no obligatorio), hasta que la mercancía se despacha en la terminal definida.
- Facilitar al comprador la documentación de tránsito para que realice el despacho aduanero de importación, y asistirle para la obtención de otros documentos.

- **Entregar la mercancía en el lugar convenido, no está obligado a la descarga.**
- **Pagar los gastos en que incurra la mercancía, excepto los relacionados con el despacho aduanero de importación, hasta que la mercancía, en el lugar designado, preparada para la descarga se entrega al importador.**
- **Entregar la documentación original justificativa de la adquisición de la mercancía.**

3. Documentación mínima a aportar por el vendedor.

- **Factura comercial.**
- **Lista de contenido si la expedición contiene más de un bulto.**
- **Otros documentos dependiendo de las características del producto, como:**
    - **Certificado Sanitario.**
    - **Certificado de Pesos.**
    - **Certificado CITES.**

Es aconsejable indicar en la factura y/o el contrato: DAP + lugar de entrega + Incoterms2020.

El vendedor asume todos los costes y todos los riesgos hasta el lugar de destino, por cuyo motivo debe de conocerlos previamente, y tenerlos en cuenta en el precio.

- **Los exportadores suelen acceder a este término cuando el país de destino lo conocen bien, o cuando tienen delegaciones, sucursales o unidades de producción.**
- **Se aconseja utilizar DAP con países de destino en que los medios de transporte son manejables.**

El comprador (importador) en condiciones DAP – Delivered At Place – transmite el riesgo del transporte hasta el puerto de destino al vendedor. El seguro, si lo contrata el exportador, lo hace a su favor.

Lo indicado en el párrafo anterior es una gran ventaja para el comprador cuando el pago se realiza después de la entrega de la mercancía; si parcial o totalmente se ha realizado ya el pago, puede ser más interesante utilizar el incoterm CIF, salvo que el seguro que contrata el exportador sea en favor del importador.

Cuando el vendedor ha proporcionado al comprador los documentos a tiempo, si la entrega con demora en destino se hace porque el comprador tardó en completar las formalidades de importación, el coste de almacenamiento es por cuenta del comprador.

- **Con DAP, el vendedor tiene que organizar el transporte.**
- **El comprador debe notificar al vendedor un punto específico de entrega.**
- **El vendedor solo puede entregar la mercancía en las instalaciones del comprador si éste previamente la ha desaduanado.**

Si no se hace así, el vendedor es libre de escoger el punto de entrega que mejor le convenga, usualmente una terminal de carga y descarga.

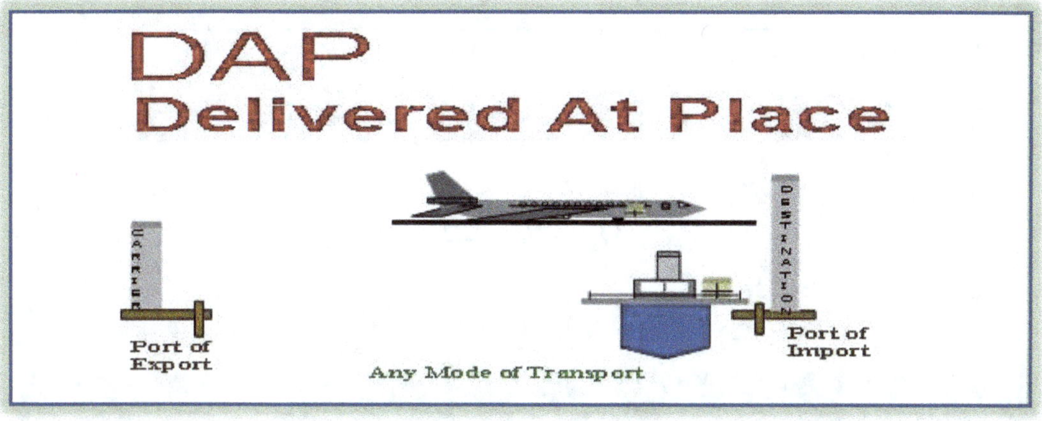

Formulaciones DAP	Gastos	Riesgos
Embalaje	V	V
Antes de la entrega de la mercancía al transportista	V	V
Aduana exportación	V	V
Carga del transporte principal	V	V
Transporte principal	V	V
Seguro transporte	V	V
Descarga del transporte principal	V	V
Aduana importación	C	C
Al finalizar la ruta	V	V

V: Vendedor C: Comprador

► DPU- Delivered At Place Unloaded (entrega en el lugar de destino descargado).

Debido a problemas en la interpretación de "terminal" en el término DAT (Incoterms 2010) "Entregado en la Terminal", se sustituyó por el término DPU en la publicación de 2020, para señalar el hecho de que el lugar de destino no es forzosamente un terminal.

Se debe a que la terminal de destino se prestaba a múltiples interpretaciones y se confundía frecuentemente con la terminal de aduanas.

Exportador:

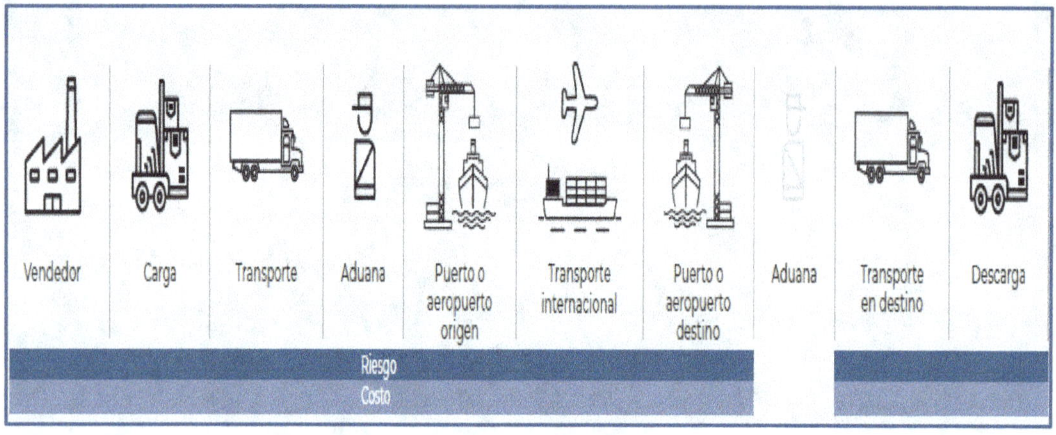

El vendedor entrega la mercancía al comprador en el lugar de destino designado, descargada por sus propios medios del medio de transporte de llegada.

Es la única regla que exige al exportador la descarga de la mercancía en el lugar convenido.

El vendedor asume todos los riesgos y todos los costos, incluyendo el transporte principal y el seguro (que no es obligatorio), hasta que la mercancía llega al lugar de destino y se descarga y se entrega al comprador.

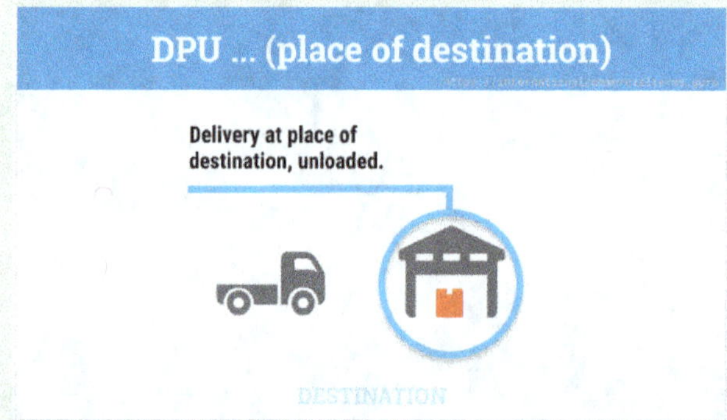

En DPU, cuando el vendedor ha proporcionado al comprador los documentos a tiempo, si la entrega con demora en destino se debe a que el comprador tardó en completar las formalidades de importación, el coste de almacenamiento es para el comprador.

El motivo por el que DPU existe es atender a ciertas industrias donde no necesariamente el importador tiene las herramientas para descargar la mercancía.

- **Este Incoterm® puede ser útil cuando se entregan mercancías pesadas o maquinaria y el cliente no dispone de un montacargas para descargar la mercancías.**

- **También es útil cuando se vende mercancía (sensible o delicada) que requiere un manejo especial, la descarga por el vendedor garantiza el buen fin del proceso.**

Como ejemplo práctico, un consumidor compra un electrodoméstico y lo lleva a su casa el vendedor, que lo instala en el lugar de utilización definitivo.

- **Se puede utilizar independientemente del tipo de transporte utilizado, y se aplica también al uso de más de un modo de transporte.**

- **Puede ser el Incoterm adecuado cuando se acuerda la entrega de la mercancía en un puerto marítimo o un aeropuerto en el país del comprador.**

Los riesgos y los costos se transfieren al comprador cuando los bienes se descargan del medio de transporte de llegada y se le entregan.

El lugar de entrega son las instalaciones del comprador, fábrica o almacén, un puerto o aeropuerto, o en un lugar acordado en el país de destino designado.

1. **Tipo de transporte: Cualquier medio, incluido multimodal en contenedores.**
2. **Tipo de carga: Cualquier tipo, general, completa o grupaje.**
3. **Transporte y Seguro: El transporte es por cuenta del vendedor. No hay obligación de seguro, si bien lo normal es que el vendedor lo contrate.**
4. **Transmisión de riesgos: El vendedor asume los riesgos hasta la terminal designada en el puerto o lugar de destino.**
5. **Gastos y seguro de transporte (no obligatorio): Por cuenta del vendedor, hasta la terminal designada, puerto o lugar de destino, incluyendo los de descarga.**
6. **Formalidades aduaneras importación: Comprador.**
7. **Formalidades aduaneras exportación: Vendedor.**

1. Obligaciones del comprador.

- **Conseguir la licencia de importación si es necesaria, y llevar a cabo los trámites aduaneros para la importación de la mercancía.**
- **Avisar al exportador del momento y el punto de recogida de la mercancía en la terminal designada, de forma oportuna y cuando proceda determinarlos.**
- **Aceptar el documento de transporte o cualquier otra prueba de la entrega de la mercancía.**
- **Retirar la mercancía recibida en conformidad con el pedido, en el lugar de entrega convenido.**
- **Organizar el transporte de la mercancía desde el lugar de entrega hasta sus instalaciones, si ambos no son el mismo lugar.**
- **Asumir los riesgos de pérdida o daño de la mercancía desde que se pone a su disposición.**
- **Pagar los trámites y permisos de importación, los derechos aduaneros de importación, impuestos y otras cargas.**
- **Pagar los gastos de la inspección previa al embarque.**
- **Pagar los gastos desde que la mercancía se pone a su disposición.**
- **Pagar al exportador los bienes y servicios adquiridos, según lo acordado.**

2. Obligaciones del vendedor.

- **Obtener las licencias / autorizaciones de exportación si son necesarias, y realizar los trámites aduaneros de exportación.**
- **Contratar el transporte de la mercancía, el principal y los adicionales, y colocar la mercancía a disposición del comprador en el punto convenido, en la fecha o plazo estipulados.**

- **Realizar el envasad, empaquetado y embalaje adecuado de la mercancía para protegerla durante el transporte hasta el lugar de su destino final.**
- **Verificar, marcar y realizar las inspecciones preembarque establecidas como obligatorias por las autoridades de su país (del exportador).**
- **Asumir los riesgos de llevar la mercancía hasta el punto de entrega pactado. Si lo desea, puede contratar un seguro para cubrir los riesgos durante el transporte.**
- **Notificar al comprador la disposición de la mercancía, ya descargada, en el lugar de entrega convenido.**
- **Facilitar al comprador los documentos usuales y la orden de entrega que le permita hacerse cargo de la mercancía.**
- **Pagar todos los gastos relacionados con el envío y el transporte de la mercancía hasta que se entrega al importador en el punto de entrega pactado, incluida la descarga y entrega al comprador:**
    1. **El pago del flete hasta el lugar de destino convenido en el país de destino.**
    2. **Los costos de exportación y tránsito fuera del país importador, aduanas, impuestos, tasas, permisos, tránsito y por obtener los permisos oficiales.**
    3. **Los costos de las actividades de verificación, controles de calidad, medición, pesaje, recuento y entrega de envases.**
    4. **Los costos relacionados con la celebración del contrato de transporte.**
- **Facilitar la factura comercial y cualquier otro documento que exija el contrato.**

3. Documentación a aportar por el vendedor.

- **Factura comercial, lista de contenido, etc.**
- **Lista de contenido si la mercancía está compuesta por más de un bulto.**
- **Otros documentos según las características del producto, como Certificado de Calidad, Certificado de Origen, Certificado EUR1, ATR, etc.**

El Incoterm DPU se aplica a todos los transportes, y a la combinación de varios de ellos (Multimodal).

Es aconsejable indicar en la factura y/o el contrato: DPU + lugar de entrega + Incoterms2020.

- **El vendedor asume todos los costes y todos los riesgos, hasta la descarga en el lugar de destino, por cuyo motivo debe de conocerlos antes de aceptar este término Incoterm y tenerlo en cuenta en el precio, y en sus posibilidades reales de realizar la entrega.**
- **Los exportadores acceden a utilizar este término cuando el país de destino lo conocen bien, o porque tienen delegaciones, sucursales e incluso unidades de producción.**
- **Si el lugar de entrega no es una terminal, el vendedor debe de asegurarse de que podrá descargar en el lugar en el que tiene que entregar la mercancía.**
- **Es un término útil para empresas que venden proyectos, o para mercancías que requieren controlar la cadena logística desde la carga en origen a la descarga en destino.**

Es el único término Incoterm que obliga al exportador a realizar la descarga en destino.

Esta regla Incoterms® se creó para el transporte mediante contenedores, y se adapta al transporte marítimo convencional cuando el vendedor quiere realizar la descarga del barco en el puerto de destino (especificar el lugar de entrega, muelle o punto de amarre).

- **Transporte marítimo: El vendedor descarga el buque bajo su propio riesgo y costo. Si el buque tiene sus propias grúas, la descarga se incluye en el contrato de transporte a expensas del vendedor.**

- **Transporte por carretera: El vendedor contrata el transporte en camión hasta las instalaciones del comprador, incluyendo la descarga del camión.**

  Los paquetes tienen que ser pequeños para que el conductor los retire del camión a mano, o necesitará una grúa o carretilla elevadora.

- **Transporte por ferrocarril: Si la entrega es en la terminal de ferrocarril, el vendedor realiza la entrega en el momento en que las mercancías se descargan del vagón de ferrocarril:**
  - **El vendedor paga el transporte, el desembalse y cualquier otro cargo de terminal, además del almacenamiento mientras espera al comprador.**
  - **El comprador es responsable de cualquier cargo y almacenamiento de la terminal una vez recibida la mercancía.**

- **Transporte aéreo: Si la entrega es en la terminal aérea, el vendedor realiza la entrega en el momento en el que las mercancías se descargan de la aeronave en el aeropuerto, como parte del contrato de transporte del vendedor:**
  - **El vendedor paga el transporte, el desembalse y cualquier otro cargo de terminal, además del almacenamiento mientras espera al comprador.**
  - **El comprador es responsable de cualquier cargo y almacenamiento de la terminal una vez recibida la mercancía.**

Para la entrega en las instalaciones del comprador, en cualquiera de los medios de transporte indicados anteriormente, el vendedor paga el transporte, el desembalse y cualquier otro cargo del terminal, además del almacenamiento el tiempo de espera hasta que se envía al almacén del comprador.

El transportista del vendedor vuelve a tomar posesión física de la mercancía del aeropuerto /puerto /terminal y las lleva a las instalaciones del comprador, donde el vendedor está obligado a descargar la mercancía del camión del transportista.

Se asemeja al Incoterm® DAP, difiere en la obligación adicional del vendedor de descargar la mercancía en el lugar de entrega. Es el único Incoterm® en que el vendedor tiene la obligación de descargar la mercancía en la entrega.

Si las partes pretenden que el vendedor no asuma el riesgo y el costo de la descarga, se recomienda evitar DPU y utilizar DAP (Entregado en el lugar), dado que la diferencia principal entre ambos es la descarga por parte del vendedor.

Formulaciones DPU	Gastos	Riesgos
Embalaje	V	V
Antes de la entrega de la mercancía al transportista	V	V
Aduana de exportación	V	V
Carga transporte principal	V	V
Transporte principal	V	V
Seguro transporte	V* (no obligatorio)	V*(no obligatorio)
Descarga transporte principal	V	V
Aduana importación	C	C
Después del transporte	C	C

C: Comprador V: Vendedor

Si es usted el comprador, conviene que antes de acordar una compra en la que DPU sea el incoterm aplicable, se asegure de que el vendedor tiene capacidad y medios para realizar la descarga de forma eficiente y segura.

DPU y DAP - Despacho aduanero de importación -

En la publicación Incoterms® 2020, en los términos DPU y DAP, se deduce que el proceso de despacho de importación (riesgos, costos y obligaciones) es a cargo del comprador.

El vendedor debe asegurarse de entregar toda la documentación necesaria para cumplir con las autoridades aduaneras del país de destino.

DPU obliga al vendedor a despachar en la aduana las mercancías en la exportación, pero no tiene obligación de hacer el despacho aduanero en la importación.

▶ DDP (Delivered Duty Paid /Entregada derechos pagados) ... lugar de destino convenido.

Exportador:

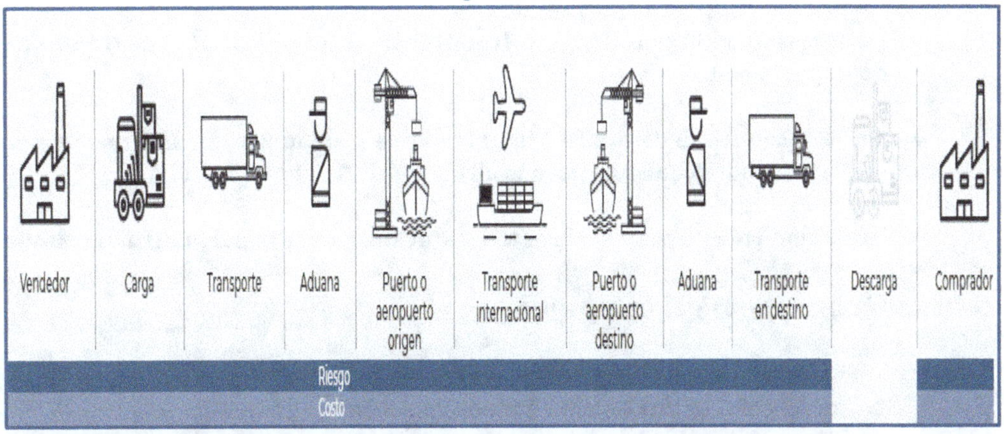

Vendedor	Carga	Transporte	Aduana	Puerto o aeropuerto origen	Transporte internacional	Puerto o aeropuerto destino	Aduana	Transporte en destino	Descarga	Comprador

Riesgo
Costo

El vendedor se encarga de los trámites para la exportación de los bienes, del tránsito por cualquier país intermedio y de la importación en el país de destino, antes de la entrega al comprador en el medio de transporte de llegada preparada para la descarga, en el lugar de destino designado.

El vendedor paga todos los gastos (derechos de aduana de importación e impuestos incluidos) hasta dejar la mercancía en el lugar convenido de entrega, que puede ser en las instalaciones del comprador, fábrica o almacén, o en el punto del país de destino designado.

DDP es el Incoterm® con mayor responsabilidad para el vendedor.

El comprador no es responsable de nada ni realiza ningún tipo de trámite, no asume ningún coste o riesgo, únicamente proporciona al vendedor la ayuda precisa para conseguir la licencia de importación si es necesaria.

1. **Tipo de transporte: Cualquier medio, incluso combinado y multimodal en contenedores.**
2. **Tipo de carga: Cualquier tipo, general, completa o grupaje. La mercancía se entrega preparada para la descarga por el comprador.**
3. **Transporte y Seguro: El transporte es por cuenta del vendedor. No hay obligación de seguro, si bien lo normal es que el vendedor lo contrate.**
4. **Transmisión de riesgos: Pasan al comprador cuando se le entrega la mercancía en el lugar convenido.**
5. **Gastos y seguro de transporte: Por cuenta del vendedor hasta el lugar de entrega convenido en el país importador, incluidas las formalizaciones aduaneras, impuestos de importación y derechos en el país del importador.**
6. **Formalidades aduaneras de importación: Vendedor.**
7. **Formalidades aduaneras exportación: Vendedor.**

- **Conlleva el máximo de obligaciones para el vendedor y no debe utilizarse si no puede obtener la licencia de importación.**

- **No se recomienda cuando el vendedor puede tener dificultades en tramitar el despacho de importación.**

- **No se recomienda con países importadores que ponen muchos inconvenientes o que exigen muchos requisitos para realizar los despachos de aduanas.**

- **No es conveniente para el exportador que no conoce la normativa del país importador.**

1. Obligaciones del comprador.

- **Si tiene el derecho de determinar la fecha de entrega y/o el lugar donde recibir la mercancía, dar aviso al vendedor con tiempo suficiente.**
- **Tomar posesión de la mercancía cuando se pone a su disposición.**
- **Realizar la descarga de la mercancía en el lugar de entrega.**
- **Aceptar la orden de entrega y pagar los gastos de la inspección previa al embarque.**
- **Asumir los riesgos de pérdida o daño de la mercancía desde el momento en que ha sido puesta a su disposición.**
- **Realizar el transporte final de la mercancía, desde el lugar de entrega hasta sus instalaciones, si ambos no son el mismo lugar.**
- **Pagar el precio acordado en el contrato de compraventa.**
- **Comunicar al vendedor toda la información relacionada que sea necesaria para la exportación, la importación y el transporte de las mercancías hasta su destino final.**

2. Obligaciones del vendedor.

- **Obtener las licencias de exportación e importación si son necesarias, y realizar los trámites aduaneros para la exportación e importación de la mercancía en ambos países.**

- **Realizar el envasado, empaquetado y embalaje adecuado de la mercancía para protegerla durante el transporte hasta el destino final.**
- **Verificar, marcar y realizar las inspecciones preembarque que sean obligatorias (de acuerdo con la regulación del país de exportación y/o importación).**
- **Contratar el transporte de la mercancía por una ruta usual y ponerla a disposición del comprador en la fecha o dentro del plazo estipulado.**

Las reglas Incoterms® 2020 permiten en DDP que el transporte se realice en virtud de un contrato de transporte con un transportista, o que el exportador lleve a cabo el transporte con sus medios propios.

- **Asumir los riesgos de pérdida o daño de la mercancía hasta el momento en que haya sido entregada, si lo desea puede contratar un seguro para cubrir los riesgos durante el transporte.**
- **Pagar los gastos relacionados con la mercancía hasta que haya sido entregada.**
- **Pagar los gastos de los trámites aduaneros, incluidos aranceles e impuestos, de importación y exportación, salvo si se había acordado otra cosa. En algunos países los impuestos de importación (Iva o asimilado) se pueden después deducir.**
- **Pagar los gastos de verificación (comprobación de calidad, medida, peso, recuento) para entregar la mercancía, y facilitar el embalaje requerido.**
- **Pagar los gastos y cargas contraídos con el comprador por la ayuda para obtener documentos en el país de importación.**
- **Notificar al comprador el despacho de importación y otras informaciones, y la disposición de la mercancía en el lugar de entrega convenido.**
- **Entregar la mercancía en el lugar convenido, no está obligado a la descarga en destino.**
- **Suministrar la mercancía y la documentación original justificativa de la adquisición de la mercancía (factura comercial, lista de contenido, etc.), de conformidad con el contrato de compraventa.**

En DDP los impuestos exigibles para la importación de la mercancía los paga el exportador. Si se quiere que los pague el importador, hay una variante DDP apostillada.

DDP "VAT unpaid" (DDP con IVA pendiente de pago). El IVA es a cargo del comprador (normalmente el exportador al vender al extranjero no factura el IVA).

3. Documentación mínima a aportar por el vendedor.

- **Factura comercial.**
- **Lista de contenido cuando la expedición esté compuesta por más de un bulto.**

- **Otros documentos dependiendo de las características del producto, como:**
  - √ **Certificado Sanitario.**
  - √ **Certificado de Pesos.**
  - √ **Certificado CITES.**
  - √ **Otros certificados que sean necesarios en el país de destino.**

Es aconsejable indicar en la factura y/o el contrato: DDP + lugar de entrega + Incoterms2020.

- **El vendedor asume todos los costes y todos los riesgos hasta la entrega en el lugar de destino, por cuyo motivo debe de conocerlos bien y tenerlo en cuenta en el precio de venta.**
- **Algunos países sólo permiten la importación de entidades locales, en esos países el vendedor, si quiere vender DDP, debe de tener una entidad jurídica local registrada en el IVA o impuesto equivalente.**

- **En los países indicados en el párrafo anterior, realizada la venta DDP sin disponer de una entidad local, el agente de aduanas de importación puede tomar la salida de declarar al comprador como importador, con su conocimiento y aprobación.**

- **Es necesario que el exportador tenga capacidad de realizar los trámites aduaneros para el despacho de importación en el país de destino.**

Los exportadores suelen acceder a este término cuando el país de destino lo conocen bien; en ocasiones porque tienen delegaciones, sucursales e incluso unidades de producción.

Formulaciones DDP	Gastos	Riesgos
Embalaje	V	V
Antes de la entrega de la mercancía al transportista	V	V
Aduana exportación	V	V
Carga transporte principal	V	V
Transporte principal	V	V
Seguro transporte	V	V
Descarga transporte principal	V	V
Aduana importación	V	V
Al finalizar la ruta	V	V

C: Comprador **V: vendedor**

DDP es el Incoterm que implica la mayor obligación y riesgo para el vendedor.

El exportador debe tener la seguridad de que podrá despachar la mercancía de importación en el país de destino.

Para completar la información sobre los Incoterms, y en especial para conocer la última edición de 2020, para una lectura detallada de cada uno de los términos y de todas sus casuísticas, recomendamos adquirir la publicación de la Cámara de Comercio Internacional.

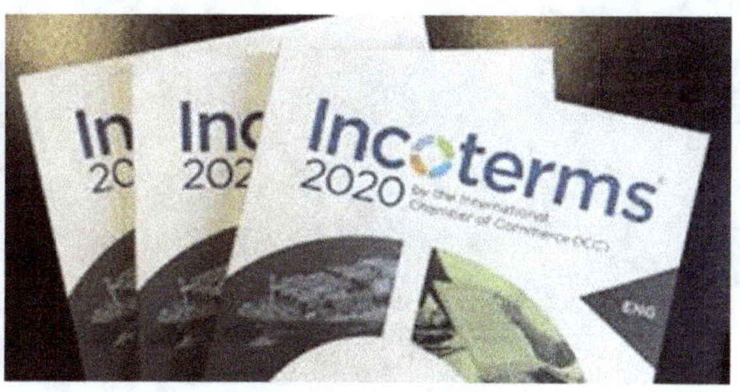

Los incoterms deciden quién (comprador o vendedor) asumirá los diversos costos en las distintas etapas de un comercio, como embalaje, carga, envío, compensación y reenvío, transporte, seguro, impuestos, THC, etc.

Los incoterms son términos que reflejan las normas de aceptación voluntaria por las partes en un contrato de compraventa internacional de mercaderías, acerca de las condiciones de entrega de las mercancías.

Los términos se utilizan para aclarar el coste de las transacciones comerciales internacionales, delimitan las responsabilidades y/u obligaciones del comprador y vendedor, y reflejan la práctica habitual y actual en el transporte internacional de mercancías.

Costes según el Incoterm elegido													
Incoterms	**Sigla**	**(1)**	**(2)**	**(3)**	**(4)**	**(5)**	**(6)**	**(7)**	**(8)**	**(9)**	**(10)**	**(11)**	**(12)**
En fábrica EX WORKS	EXW	●	○	○	○	○	○	○	○	○	○	○	P
Franco de costado de buque FREE ALONGSIDE SHIP	FAS	●	●	●	●	○	○	○	○	○	○	○	M
Franco porteador FREE Carrier	FCA	●	●	●○	●	○	○	○	○	○	○	○	P
Franco a bordo FREE ON BOARD	FOB	●	●	●	●	●	○	○	○	○	○	○	M
Coste y flete COST AND Freight	CFR	●	●	●	●	●	●	○	○	○	○	○	M
Transporte, pagado hasta CARRIAGE PAID TO	CPT	●	●	●	●	●	●	○	○	○	○	○	P
Coste, seguro y flete COST, INSURANCE AND FREIGHT	CIF	●	●	●	●	●	●	●	○	○	○	○	M
Transporte y seguro pagados hasta CARRIAGE AND Insurance PAID TO	CIP	●	●	●	●	●	●	●	○	○	○	○	P
Entregado en lugar destino descargado DELIVERED AT PLACE UNLOADED	DPU	●	●	●	●	●	●	●	●	○	●	●	P
Entregado en lugar DELIVERED AT PLACE	DAP	●	●	●	●	●	●	●	○●	○ ●	●○	○	P
Entregados derechos pagados DELIVERED DUTY PAID	DDP	●	●	●	●	●	●	●	●	●	●○	○	P

(1) Embalaje. (2) Carga (camión o ferrocarril) contenedor en factoría o almacén de salida. (3) Transporte interior (a puerto, aeropuerto, a la plataforma de agrupamiento en terminal o a transportista). (4) Formalidades aduaneras de exportación. (5) Salida: Paso de puertos y aeropuertos, terminal de salida de plataforma de agrupamiento. (6) Transporte principal internacional. (7) Seguro transporte. (8) Llegada: Paso de puerto, aeropuerto, terminal de llegada de plataforma de agrupamiento. (9) Formalidades aduaneras importación y derechos e impuestos a la importación. (10) Transporte a factoría o almacén de llegada. (11) Descarga en factoría o almacén de llegada. (12) Marítimo = M. Terrestre = T. Polivalente = P.

● Gastos a cargo del vendedor. ○ Gastos a cargo del comprador. ●○ Gastos a cargo del vendedor o comprador, según el lugar de entrega.

√ Después de la sigla Incoterm, hay que indicar el lugar /plaza de entrega, en origen o destino, según corresponda.

Riesgo según el Incoterm elegido													
Incoterms	**Sigla**	**(1)**	**(2)**	**(3)**	**(4)**	**(5)**	**(6)**	**(7)**	**(8)**	**(9)**	**(10)**	**(11)**	**(12)**
En fábrica EX WORKS	EXW	●	○	○	○	○	○	○	○	○	○	○	P
Franco de costado de buque FREE ALONGSIDE SHIP	FAS	●	●	●	●	○	○	○	○	○	○	○	M
Franco porteador FREE CARRIER	FCA	●	●	●○	●	○	○	○	○	○	○	○	P
Franco a bordo FREE ON BOARD	FOB	●	●	●	●	●	○	○	○	○	○	○	M
Coste y flete COST AND FREIGHT	CFR	●	●	●	●	●	○	○	○	○	○	○	M
Transporte, pagado hasta CARRIAGE PAID TO	CPT	●	●	●	●	●	○	○	○	○	○	○	P
Coste, seguro y flete COST, INSURANCE AND FREIGHT	CIF	●	●	●	●	●	○	○	○	○	○	○	M
Transporte y seguro pagados hasta CARRIAGE AND INSURANCE PAID TO	CIP	●	●	●	●	●	○	○	○	○	○	○	P
Entregado en lugar destino descargado DELIVERED AT PLACE UNLOADED	DPU	●	●	●	●	●	●	●	●	●	●	●	P
Entregado en Lugar DELIVERED AT PLACE	DAP	●	●	●	●	●	●	●	○●	○	●○	○	P
Entregados derechos pagados DELIVERED DUTY PAID	DDP	●	●	●	●	●	●	●	●	● ○	●○	○	P

(1) Embalaje. (2) Carga (camión o ferrocarril) contenedor en factoría o almacén de salida. (3) Transporte interior (a puerto, aeropuerto, a la plataforma de agrupamiento en terminal o a transportista). (4) Formalidades aduaneras de exportación. (5) Salida: Paso de puertos y aeropuertos, terminal de salida de plataforma de agrupamiento. (6) Transporte principal internacional. (7) Seguro transporte. (8) Llegada: Paso de puerto, aeropuerto, terminal de llegada de plataforma de agrupamiento. (9) Formalidades aduaneras importación y derechos e impuestos a la importación. (10) Transporte a factoría o almacén de llegada. (11) Descarga en factoría o almacén de llegada. (12) Marítimo = M. Terrestre = T. Polivalente = P.

● Riesgos a cargo del vendedor. ○ Riesgos a cargo del comprador. ●○ Gastos a cargo del vendedor o comprador, según el lugar de entrega.

√ Después de la sigla Incoterm, hay que indicar el lugar /plaza de entrega, en origen o destino, según corresponda.

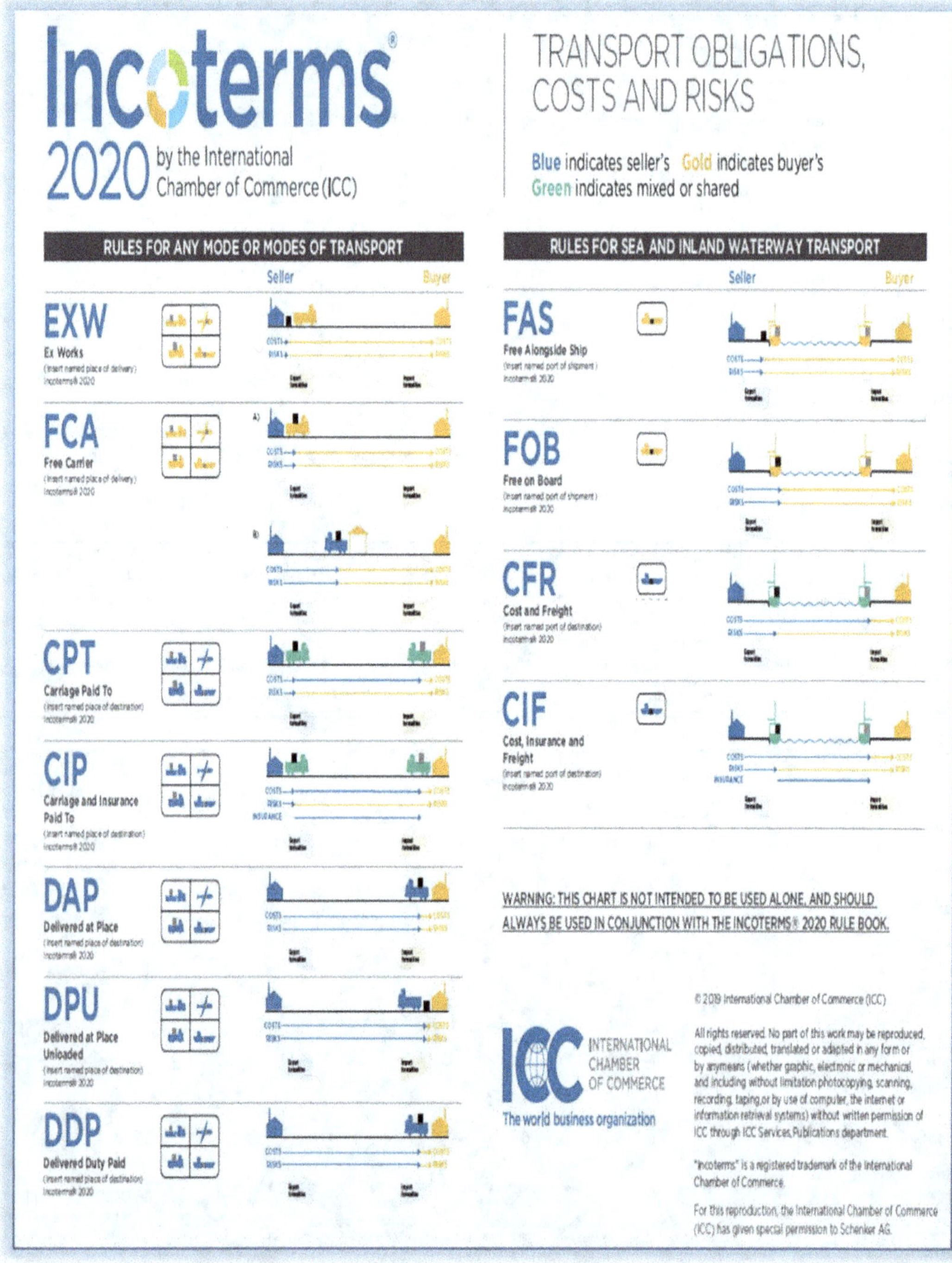

4. Términos adicionales de contratación. (No son Incoterms)

F.I. - FREE IN. (Libre Dentro o Franco Dentro). El Exportador se hace cargo de los gastos operativos de carga (no incluidos en el Flete).

F.I.L.O. - FREE IN, LINE OUT. Flete a bordo/desestiba: Los gastos de carga son por cuenta del Exportador - Los de descarga por cuenta del Importador.

F.I.O. - FREE IN/OUT. **Libre dentro y fuera (Cargas a granel): El Flete no incluye los gastos operativos de carga y descarga. Sí los de estiba.**

F.I.O.S - FREE IN AND OUT AND STOWED. **Libre Dentro - Fuera – Estiba: El flete no incluye gastos operativos de carga, descarga y/o estiba.**

F.I.O.S.T - FREE IN AND OUT AND STOWED, TRIMMED AND LASHED SECURED. **Libre Dentro, Fuera, Estiba y Asegurar (trabar la mercadería): El Flete incluye estiba y gastos por trabajo y aseguramiento de la mercadería, no incluye gastos operativos de carga y descarga y gastos de paleo (por cuenta transporte).**

F.I.S.L.O. - FREE IN AND STOWED, LINER OUT. **Libre carga y estiba: El flete no incluye gastos operativos de carga, descarga y estiba. - La descarga es por cuenta del armador.**

L.I.F.O - LINER IN - FREEE OUT. **Libre Carga - Flete - estibado/bordo: Gastos de carga por cuenta del armador o transporte - Gastos de descarga por cuenta del Importador.**

L.T.B.T. - LINE TERMS OR BERTH TERMS. **Términos de Línea o de Muelle - (incluyen estiba y desestiba): Incluye carga, estiba, desestiba y descarga (de Línea o Muelle), y excluye coste operativo previo a gancho en carga y posterior en descarga.**

LUMPSUM - BOX RATE. **Flete único por unidad contratada (para contenedores): Incluye carga, estiba, desestiba y descarga (de Línea o Muelle), y excluye coste operativo previo a gancho en carga y posterior en descarga.**

Términos adicionales específicos de contenedores:

FCL/FCL. –FULL CONTAINER LOAD. **El vendedor o expedidor es el responsable de llenar el contenedor y de sufragar los correspondientes gastos. La empresa naviera acusa recibo del contenedor, no se compromete en relación con su contenido, pero si a transportarlo sin pérdida ni daños.**

LCL/LCL. – LESS THAN CONTAINER LOD. **Es un grupaje, un tipo de envío en el que la carga viaja en un contenedor junto con las cargas de otros expedidores, se conoce como 'contenedor compartido'. La empresa naviera no se compromete en relación con su contenido, pero si a transportarlo sin pérdida ni daños.**

5. Incoterms, legislación y arbitraje.

Los INCOTERMS se clasifican como normas de Derecho Internacional Privado, se consideran reglas de Lex Mercatoria.

Fueron creados por la Cámara de Comercio Internacional para regular ciertos aspectos en el comercio de mercancías, sin estar subordinados a ninguna legislación nacional o internacional.

Los Incoterms no son reglas obligatorias, son de aceptación voluntaria de las partes, para que tengan efecto legal deben ser incorporados en el contrato de compraventa de las mercancías.

- **No se aplican a los contratos de transporte ni a los contratos de seguro.**
- **No son fuente de derecho, pues no emanan del poder legislativo y no se incorporan a los ordenamientos jurídicos nacionales.**
- **No regulan el pago y sus modalidades, ni la transmisión de la propiedad de las mercancías, ni otras cuestiones que en las reglas no se contemplan.**

Las cuestiones no reguladas por los incoterms se regulan por la ley aplicable al contrato de compraventa internacional, en virtud de la Convención de Viena de 1980 sobre compraventa internacional de mercancías.

El contrato se rige por la ley elegida por las partes, y si no hay acuerdo se aplica al contrato la ley del país donde el vendedor tiene su residencia habitual.

Las partes acuerdan y plasman en el contrato la jurisdicción competente para resolver los conflictos que pueda generar su relación comercial internacional.

Cuando se incluye un término Incoterm y después hay alguna discrepancia relativa a su cumplimiento, si las partes están de acuerdo, pueden solicitar el arbitraje de la Cámara de Comercio Internacional, o de otra institución, para resolverla.

El hecho de incorporar uno o varios Incoterms en un contrato, o en la correspondencia cruzada entre las partes, no constituye por sí sólo un acuerdo entre las partes para recurrir al arbitraje en el caso de existir alguna discrepancia.

Si se desea que, ante una posible discrepancia en el término Incoterm, las partes acepten y se sometan al arbitraje de un determinado organismo, como la Cámara de Comercio Internacional, hay que especificarlo por escrito en el contrato.

Las disputas entre comprador y vendedor frecuentemente se deben a que el Incoterm acordado no satisface las necesidades de las partes, principalmente porque alguna de las partes no es conocedora de los derechos y obligaciones que el Incoterm elegido conlleva.

Parta evitar disputas y favorecer una buena relación entre las partes, antes de insertar el Incoterm en el contrato, es esencial que las partes tengan la seguridad de que cumple con sus expectativas y necesidades, del vendedor y del comprador.

www.ingramcontent.com/pod-product-compliance
Lightning Source LLC
Chambersburg PA
CBHW081134290526
45795CB00006B/2233

* 9 7 9 8 8 7 8 6 3 8 4 9 4 *